한석준의 대화의 기술

어느 누구와도
불편하지 않은
대화법

한석준의

대화의 기술

한석준 지음

ÏNFLUENTIAL
인 플 루 엔 셜

우리는 대화를 배운 적이 없습니다

《한석준의 말하기 수업》 출간 후 많은 독자로부터 남 앞에서 말하는 데 자신감이 생겼다는 고마운 피드백을 받았습니다. 매일 조금씩 연습하다 보니 말하기 실력이 하루하루 달라지는 게 느껴졌고, 회의나 발표에서도 긴장하지 않고 편안하게 이야기할 수 있게 됐다는 분도 있었죠.

한편, 아무리 발성과 발음을 훈련하고 나쁜 말버릇을 고쳐도 여전히 사람들과 소통하기가 어렵다는 분도 있었습니다. 상사 앞에서 보고도 곧잘 하게 됐는데, 여전히 좋은 피드백을 받지 못한다는 분도 있었고요. 많은 사람이 말을 잘하면 곧 상대방과 소통도 잘될 거라고 생각합니다. 말을 잘하는 것과 대화를 잘하는 것은 엄연히 다른 능력인데 말이죠.

그렇습니다. '말하기'와 '대화'는 언어를 다룬다는 점에서는 비슷하지만, 지향하는 바를 찬찬히 들여다보면 근본적으로 차이가 있습니다. 말하기가 나를 드러내고 내 의사를 전달하는 데 일차적인 목적이 있다면, 대화는 사람의 마음을 움직이고 세상을 내 편으로 만드는 데 목적이 있습니다. 나아가 깊은 인간관계를 만드는 것이 대화의 목적이라고 할 수 있죠.

그런데 사실 꼭 이런 목적이 아니더라도 우리는 아침에 눈을 떠서 밤에 잠들 때까지, 원하든 원하지 않든 매일 누군가와 대화를 하며 살아갑니다. 가족과의 아침 인사부터 직장 동료와의 회의, 친구와의 사소한 수다까지, 하루 종일 대화하며 산다고 해도 과언이 아닙니다. 이렇게 매일 하는 대화를 우리는 왜 어려워할까요? 똑같이 대화하는데 왜 누구는 상대방의 마음을 얻고, 또 누구는 빈축을 사는 걸까요?

대화를 어려워하는 이유는 간단합니다. 대화를 제대로 배워본 적이 없기 때문입니다. 학교에 다니면서 언어는 배웠지만, 소통 수단으로서의 대화는 누가 가르쳐준 적도, 연습할 기회를 가져본 적도 없습니다. 더군다나 디지털 의존도가 점점 높아지면서 대화의 장이 점점 줄어들고 있습니다. 비대면 소통에 익숙하다보니 막상 실제로 사람을 만나면 무슨 말부터 꺼내야 할지 모르겠다는 분도 꽤 많습니다. 오죽하면 간단한 전화 통화조차 두려움을 느끼는 '콜 포비아' 현상이 나타나겠습니까.

하지만 어디 외딴섬에 들어가 혼자 살지 않는 한, 대화하지 않고 살 수는 없는 노릇입니다. 그렇다면 이 어려운 대화를 어떻게 잘할 수 있을까요? 어떻게 하면 대화로 사람의 마음을 얻고 좋은 관계를 유지할 수 있을까요?

이 문제에 답을 찾으려면, 앞서 얘기했듯 말하는 것과 대화하는 것은 다르다는 사실부터 알아야 합니다. 말하기가 '나'에게서 '너'로 향한 일방향 소통이라면, 대화는 '나'와 '너'가 주고받으며 '우리'를 만드는 쌍방향 소통입니다. 만약 누군가가 말 때문에 외롭다면, 그건 자신의 입에서 나간 말이 상대로 하여금 어떤 인간적인 반응을 불러일으키지 못했다는 뜻입니다. 내게서 나간 말 한마디가 상대방의 마음을 얻어 다시 돌아와야 하는데, 공허한 메아리처럼 사라져버리고 만 거죠.

대화는 캐치볼과 같습니다. 캐치볼은 두 사람 간의 균형이 필요하지만, 때로 한 사람이 공을 잘 던지지 못하더라도 상대방이 뛰어난 캐치 실력이 있다면 그 공을 받아낼 수 있습니다. 한 사람의 능력만으로도 성공적일 수 있다는 이야기입니다. 마찬가지로 대화에서도 한 사람이 적극적으로 경청하고, 이해하려 노력하며, 긍정적인 태도로 임한다면 대화의 질을 크게 향상시키는 것은 물론 좋은 인간관계를 맺을 수 있습니다.

결국 좋은 대화를 만드는 것은 우리 자신의 몫입니다. 대화 기술은 연습을 통해 얼마든지 향상될 수 있습니다. 일상에서 만나는 모든 대화 상황을 연습의 기회로 삼으세요. 도저히 말이 통하지 않는 누군가를 만난다고 한들 좌절하거나 두려워하지 마세요. 여러분의 대화 능력을 한 단계 높이는 소중한 기회가 될 수도 있습니다.

이 책에 제가 오랜 시간 시행착오를 겪으며 터득한 여러 가지 대화의 기술을 담았습니다. 다양한 사례와 실생활에서 바로 적용해볼 수 있는 구체적인 훈련법도 상세히 설명했습니다. 제가 그랬듯 몇 가지의 깨달음만으로도 여러분은 대화 능력을 향상시키고 이를 통해 원하는 바를 얻고 더 좋은 인간관계를 만들 수 있을 것입니다.

여러분이 어떤 계기로 이 책을 읽게 됐는지 궁금합니다. 모두에게 저마다의 이유가 있을 겁니다. 그 이유가 무엇이든 이 소중한 결심을 시작한 여러분에게 이 책이 실질적인 도움이 되기를 진심으로 바랍니다.

2024년 10월

한석준

차례

PART 5 소통의 달인이 되는 비밀은 태도에 있다

PART
1

어디서든 🗨️
환영받는 사람은
무엇이 다른가

"

좋은 대화의 핵심은
무게중심을
상대에게 두는 것

"

대화는 인간관계의
기본이다

　한때 저는 매력적인 사람이 되려고 부단히 노력했습니다. 매일 다양한 사람을 만나는 아나운서라는 직업의 특성상, 방송과 관련된 모든 사람에게 호감을 얻으면 방송도 성공할 거라고 믿었기 때문입니다. 그래서 저는 어떻게 하면 매력을 극대화할 수 있을지 끊임없이 고민했습니다. 많은 선배 방송인에게서 노하우를 배우려고 애썼죠.

　출근해서 퇴근할 때까지, 방송하는 시간을 빼고는 선배들의 모습을 계속 관찰했습니다. 그들에게는 모두 저마다 매력 포인트가 있었습니다. 어떤 선배는 유머가 뛰어났고, 어떤 선배는 외모가 훌륭했고, 또 다른 선배는 카리스마가 있었죠. 저는 그들이 지닌 각각의 매력을 모두 제 것으로 만들려고 애썼습니다. 하지만 곧 포기하고 말았습니다. 각자가 지닌 매력은 마치 성격처럼 타고나는 것이라, 제가 아무리 흉내를 낸들 체화하기 어렵다는 걸 깨달았기 때문입니다.

그런데 선배들의 모습을 관찰한 그 수개월은 헛된 시간이 아니었습니다. 넘치는 매력으로 사람을 끄는 그 선배들에게는 한 가지 공통점이 있다는 사실을 발견했거든요. 그것은 바로 대화를 잘한다는 것이었죠.

그 선배들은 한결같이 대화를 통해 사람들의 마음을 얻는 힘이 있었습니다. 그들이 누군가로부터 호감을 얻고 함께하고 싶은 사람으로 자리매김할 수 있는 결정적인 이유는 다름 아닌 대화에 있었죠. 그들의 대화는 단순한 의사소통을 넘어 감정을 나누고, 서로를 이해하며, 관계를 형성하는 핵심적인 수단이었습니다.

제가 파악한 바로, 대화는 무엇보다 인간관계의 기본이었습니다. 좋은 대화를 나누는 능력은 개인적인 성장뿐만 아니라 직업적인 성공에도 큰 영향을 미쳤습니다. 동료들과의 원활한 소통, 고객과의 효과적인 대화, 리더십을 발휘하는 데도 대화 능력이 핵심적인 요소였으니까요.

나는 대화를 나누고 싶은
사람인가

관찰을 통해 대화의 강력한 힘을 알게 된 후, 저는 단순히 매력적인 사람이 되려는 노력을 멈추었습니다. 대신 어떻게 대화해야 사람들에게 호감을 얻고, 나아가 깊이 있는 인간관계를 맺을 수 있을지 고민했습니다.

무수한 시행착오를 겪으며 알게 됐죠. 대화는 결국 '상대방이 내 말을 받아들이는 것'이라는 사실을요. 대부분의 사람은 무엇을 말하고 어떻게 대화를 이끌어야 하는지를 고민하지만, 정작 중요한 것은 상대방이 내 말을 어떻게 받아들이는가에 있었습니다. 또한 상대방이 내 말을 잘 받아들이기 위해서는 어떤 말을 어떻게 하느냐보다 '상대방을 인정하고 수용하려는 태도'를 먼저 갖춰야 한다는 걸 몸으로 깨달았죠.

저는 이 사실을 2년 전 MBC 〈나 혼자 산다〉에 출연하면서 다시 한번 확인할 수 있었습니다. '찐친 캠핑'이라는 명목하에 방영됐는데, 어느덧 15년 지기가 된 전현무 씨와 제가 처음으로 같이 캠핑을 떠나 온전히 하루를 보냈습니다. 그런데 방송이 나간 후 뜻밖에 그 하루 동안 나눈 대화가 시청자들에게 좋은 평가를 받았습니다. '한석준의 매력을 재발견했다' '한석준 같은 선배가 곁에 있으면 정말 좋겠다' '성격이 부드럽고 다정해 보인다' 등 과분한 칭찬이 줄을 이었습니다. 너무 감사했지만 대체 어떤 면을 그렇게 좋게 봐주신 건지 알 수가 없었습니다. 그래서 영상을 계속해서 돌려보았죠.

이른 오전 캠핑장으로 떠날 때부터 늦은 밤 함께 저녁을 만들어 먹을 때까지, 사실 저는 현무 씨에게 기억에 남을 만한 특별한 말은 하지 않았습니다. 현무 씨와는 이미 꽤 친분이 있었지만, 저는 평상시 다른 방송에서보다 말수도 훨씬 적었고요. 다만, 한 가지 기억에 남는 것은 현무 씨가 무슨 말을 하든 어떠한 평가나 조언 없이, 그저 있는 그대로 잘 들어주었다는 겁니다.

방송 여부를 떠나 현무 씨는 솔직하게 자신의 근황과 생각들을 털어놓았고, 저 역시 카메라를 의식하지 않고 오로지 그가 하는 이야기에 집중했습니다. 현무 씨로부터 어떤 이야기를 끌어내려는 생각은 아예 하지도 않았죠. 그러면서 알게 됐습니다. 좋은 대화의 핵심은 '상대방에게 무게중심을 두는 것'임을요.

우리는 종종 대화에서 자신의 이야기를 하는 데 급급하거나 상대방의 말에 즉각적으로 반응하려고 합니다. 하지만 진정한 소통은 상대방의 말을 온전히 듣고, 그의 감정과 생각을 이해하려는 노력에서 시작됩니다.

상대방에게 무게중심을 둔다는 것은 단순히 침묵하며 듣기만

하는 것이 아닙니다. 온 마음을 다해 듣고, 상대방의 관점에서 생각하며, 그의 말에 공감하는 것을 의미합니다. 이는 상대방에게 자신의 이야기를 편안하게 할 수 있는 안전한 공간을 만들어 주는 것과 같습니다.

그런 의미에서 좋은 대화는 '입'이 아니라 '마음'에서 시작된다고 할 수 있습니다. 상대방의 말에 진심으로 귀 기울이고, 그의 감정과 생각을 이해하려 노력하며, 그를 있는 그대로 인정하고 수용하는 태도를 가질 때, 우리는 진정한 소통을 할 수 있습니다. 이는 단순히 대화의 기술 문제가 아닌, 상대방을 존중하고 이해하려는 진정성 있는 마음가짐의 문제입니다.

"

당신의 말은
전달되고 있습니까?

"

경제전문가의
유튜브 채널이 실패한 이유

제 지인 P는 경제전문가입니다. 국책 금융기관에서 국장 자리에까지 올라 주요 정책을 만들고 결정하던 사람입니다. 평소 P는 한국인의 경제 상식이 부족한 것을 두고 안타까워했습니다. 국민의 경제 상식 수준을 높이려면 어린 시절부터 경제가 의무 교육이어야 하는데, 우리나라는 중고등학교에 가서야 경제를 선택적으로 배우고 있고, 그 결과 경제 상식을 갖춘 성인이 나날이 줄고 있다는 것입니다.

P는 재직 중에 만난 유대인들의 높은 경제 지식 수준이 어린 시절부터 경제 교육을 받은 덕이라는 사실을 깨닫고 경탄했다고 합니다. 우리도 이렇게 경제를 가르쳐야 한다고 생각하지만, 정규

교육과정을 보면 개선될 가능성이 없어서 우리나라의 미래가 너무나 걱정스럽다고 했습니다.

그래서 그는 유튜브 채널을 만들어 본인이 직접 경제 지식을 전하기로 마음먹었습니다. "어디에 투자하면 돈을 벌 수 있다"며 종목을 찍어주는 경제 유튜브에 염증을 느껴온 사람이라면 제대로 된 지식에 목말라 있을 거라고 판단한 거죠. 그랬기에 더욱 자신이 있었고, 영상을 올리면 많은 사람이 열광할 거라고 생각했습니다.

그는 회사에서 프로젝트를 발표할 때보다 훨씬 더 공들여서 PPT를 만들고, 영상을 제작했습니다. 이 경제전문가의 20분짜리 영상은 놀라울 정도로 깊이가 있었습니다. 지금 우리에게 닥친 현실적인 경제 위기를 타개하기 위해 근본적으로 무엇을, 어떻게 해야 하는가를 면밀히 다루고 있었죠. 하지만 안타깝게도 P의 유튜브 채널은 성공하지 못했습니다.

P만 그런 것이 아닙니다. 유명한 석학이나 자신의 분야에서 탁월한 성취를 이룬 분들의 유튜브 채널은 대부분 성공하지 못합니다. 이유가 무엇일까요?

그것은 바로 상대방에 대한 이해가 부족하기 때문입니다. 경제에 관한 P의 전문 지식과 일반인들의 상식은 하늘과 땅만큼 차이가 납니다. P와 같은 사람이 일반인을 대상으로 무언가를 설명할 때는 아주 재미있게 설명하거나 누구라도 알아들을 수 있는 쉬운 이야기부터 해야 합니다.

재미있게 설명하는 것은 재능의 영역이라 마음먹는다고 금방 실행할 수 없습니다. 그래서 쉬운 이야기를 전달하는 것에 도전해야 합니다. 하지만 전문가에게는 쉬운 이야기를 한다는 것 자체가 어려운 일입니다. 경제에 대해 잘 모르는 일반인의 수준을 가늠하기가 힘드니까요. 그래서 전문가가 일반인을 대상으로 만든 유튜브 영상은 대부분 난해하다는 평가를 받습니다.

시청자 입장에서는 내 인생 살기도 힘들고 바쁜데, 재미도 없고 이해하기도 어려운 전문 분야의 영상을 끝까지 볼 마음의 여유가 없는 게 당연합니다.

말은 듣는 사람의 것이다

대화도 마찬가지입니다. 왜 우리는 대화를 할까요? 무언가 전달하고 싶은 바가 있을 때, 그것을 가장 효율적으로 전달하는 수단이 음성언어이기 때문입니다. 즉, '나의 뜻'을 상대방에게 '전달'하기 위해서입니다.

여기서 중요한 건 '나의 뜻'이 아니라 '전달'하는 데 있습니다. 나의 뜻이 아무리 좋더라도 상대방에게 전달하는 데 실패한다면 그 대화는 하지 않으니만 못합니다. 상대방에게 내 뜻을 제대로 전달하려면, 우선 사람마다 배경지식은 물론 성격과 가치관 등 모든 것이 다르다는 걸 정확히 인지해야 합니다. 그런 전제하에 상대방에게 맞춰 내 뜻을 전해야 합니다. 그렇지 않으면 내 말은 결코 상대방에게 전달되지 않습니다.

말은 듣는 사람의 것입니다. 간혹 이렇게 말하는 사람을 만날 수 있습니다. "거 참, 왜 이렇게 말귀를 못 알아들어?" 드라마나 영화의 대사로도 자주 쓰이는 말이죠. 이렇게 말한 사람은 당연하다는 듯이 상대방을 비난하지만, 저는 오히려 그 사람에게 이렇게 말해주고 싶습니다. 진짜 문제는 못 알아듣게 말한 당신에게 있다고요.

사람들은 어떻게 이렇게 다를 수 있나 싶을 정도로 서로 다른 생각을 합니다. 한집에 살고 있는 가족조차 그렇습니다. 부부나 부모자식간에도 서로 얼마나 다른 생각을 가지고 있던가요.

내가 얼마나 공부를 많이 했든 얼마나 지혜롭고 똑똑하든 상관없이, 내 생각이 늘 옳을 수는 없습니다. 많은 경우 옳고 그름 자체가 없기도 하고요.

그러니 대화를 할 때는 상대방에게 초점을 맞추는 것이 중요합니다. 상대방의 상식과 눈높이에 나를 맞추어야 내 말의 의도가 상대방에게 정확하게 전달됩니다.

상대방의 반응을 고려하라

대개 우리는 대화를 할 때 자기 위주로 말합니다. 물론 대화를 시작할 때는 그럴 수밖에 없습니다. 처음 만난 사이라면 더더욱 상대방의 성향을 알기 힘드니까요. 그럼에도 상대방을 관찰하고 고려하면서 말하는 습관을 가져야 합니다. 상대방의 반응을 살피면서 말하다 보면 내 말이 잘 전달됐는지도 자연스럽게 알게 됩니다.

예를 들어 내가 상대방을 칭찬하기로 마음먹었을 때, 칭찬을 하고 상대방이 기쁜 표정을 짓는다면 내 의도가 잘 전달된 것입니다. 만약 그렇지 않다면 내 표현 방식이 잘못된 건 아닌지 고민해야 합니다. 그럴 땐 다른 표현으로 칭찬해보는 것이 좋습니다.

그런데 현실에서는 어떤가요? 애써 상대방의 장점을 찾아 칭찬했는데 상대방이 못 알아듣는다면, 민망한 나머지 더 이상 칭찬하지 않게 됩니다. "아무것도 아니야"라며 어물쩍 넘어가기도 하죠. 물론 상황에 따라 이렇게 넘어갈 필요도 있습니다. 하지만 이왕 칭찬하겠다고 마음먹었다면, 용기를 내 다른 표현으로 다시 한번 칭찬해보길 바랍니다. 상대방의 반응을 살피고, 내 표현 방식을 바꾸는 것은 좋은 대화의 시작입니다.

"

좋은 대화는
'입'이 아닌 '마음'에서 시작됩니다.

TIP
이렇게
해보세요

서로의 눈높이를 맞추는 대화법

효과적인 의사소통은 상대방의 이해와 공감을 얻는 것에서 시작합니다. 다음의 방법들을 활용하여 무게중심을 상대방에게 두는 대화 기술을 향상시켜보세요.

1. **상대방의 눈높이에 맞추기**: 상대방의 이해 수준에 맞춰 쉽고 명확하게 설명하세요.

   연습 복잡한 개념을 초등학생에게 설명하듯 간단히 정리하고, 친구나 가족에게 설명한 후 피드백을 받아본다.

2. **상대방의 반응 관찰하기**: 상대방의 반응을 관찰하고, 이해하지 못한 부분은 설명 방식을 바꿔보세요.

   예시 나: "이 프로젝트는 시너지 효과가 클 것 같아요."

상대방: (혼란스러운 표정)

나: "다시 말해서, 우리가 힘을 합치면 각자 일할 때보다 더 좋은 결과를 낼 수 있다는 거예요."

3. **피드백 요청하기:** 상대방의 이해도를 확인하고 개방적인 대화 환경을 만드세요.

> **예시**
> • "제가 설명한 내용 중 이해가 안 가는 부분이 있나요?"
> • "혹시 더 자세히 알고 싶은 부분이 있나요?"

4. **적절한 예시와 비유 사용하기:** 상대방에게 친숙한 상황과 경험을 활용한 예시로 복잡한 개념을 쉽게 설명하세요.

> **예시**
> "경제성장률은 마치 '나무의 성장'과 같아요. 그 변화가 눈에 띄게 드러나진 않는데, 분명히 매해 자라고 있죠."

"

공감을
끌어내는 대화법은
따로 있다

"

불통은 한 사람만의
잘못이 아니다

"내가 언제 그렇게 말했니? 내 말은 그 뜻이 아니라…."

많이 듣고 많이 쓰는 표현입니다. 저도 그랬고요. 그런데 요즘은 내가 과연 이런 말을 해도 되는 것인지 의심이 듭니다. 내 말이 잘못 전달된 탓이 듣는 사람에게만 있는지 확신이 서지 않기 때문입니다.

두 사람이 야구공을 던지고 받는 캐치볼을 하고 있습니다. 받는 사람이 서툴러도 던지는 사람의 실력이 좋으면 공은 글러브 속에 정확하게 꽂힙니다. 반대로 던지는 사람이 엉망으로 던져도 받는 사람이 노련하면 어떻게든 공을 받아냅니다. 캐치볼이 안 되는 경우는 던지는 사람도 엉망이고, 받는 사람도 엉망일 때입니다.

대화도 마찬가지입니다. 상대방이 내 말을 똑바로 알아듣지 못해서, 내 말을 전혀 다른 의미로 해석해서 갈등이 생겼을 때, 우리는 '내 말의 의미를 정확하게 이해하지 못한' 상대방을 탓하곤 합니다. 아무리 생각해도 나는 잘못 말하지 않았으니까요. 나는 그렇게 말한 적이 없는데, 내 뜻과 전혀 다르게 이해하고 받아들이는 것 자체가 너무나도 억울한 거죠.

하지만 정말 그럴까요? 나는 제대로 말했는데 상대방이 잘못 알아들은 걸까요? 제 생각을 먼저 말해보자면, 질문 자체가 잘못됐습니다. 한 사람이 명백한 말실수를 저지르지 않는 한, 대화는 객관적인 기준으로 잘잘못을 가릴 수 없습니다. 각자의 입장에서 보면 무슨 얘기를 하든 예외 없이 나는 맞고 상대방은 틀리기 때문이죠.

요즘 유행하는 성격검사 도구 중에 MBTI가 있습니다. MBTI는 'Myers-Briggs Type Indicator'의 약자로 외향(E)-내향(I), 감각(S)-직관(N), 이성(T)-감정(F), 판단(J)-인식(P) 이렇게 네 가지 분류를 기준으로, 사람의 성격을 열여섯 가지 유형으로 구분하는 검사 도구입니다.

젊은 세대일수록 MBTI에 익숙해서 친구를 만나거나 연애할 때도 이를 근거로 상대방의 성격을 가늠한다고 합니다. 한동안

SNS에서 MBTI 중 이성(T)과 감정(F)을 구분 짓는 영상이 유행했습니다. 이 영상에서는 한 부부가 출연해 상대방에게 이렇게 묻습니다. "여보, 나 우울해서 빵 샀어." 만약 여러분이 이 질문을 들었다면 뭐라고 답하시겠습니까?

1. 무슨 빵을 샀어?
2. 빵과 우울한 게 무슨 상관이야?
3. 무슨 일 있어? 왜 우울해?

만약 1번이나 2번을 선택했다면 이성적 성향을 지닌 T일 가능성이, 3번을 선택했다면 감정적 성향을 지닌 F일 가능성이 큽니다. '우울'과 '빵' 사이에는 어떠한 논리적 인과관계가 없으니, 그 부분에 초점을 두는 사람은 이성적 성향을 지닌 사람입니다. 반대로 '우울'에 집중해서 무슨 일인지 물어보고 걱정하는 사람은 감정적 성향을 지닌 사람입니다.

이 영상을 본 사람들의 댓글에는 의견이 분분했습니다. 3번을 선택한 사람들은 1번이나 2번을 선택한 이들에게 "내가 우울하다는데, 무슨 빵을 샀는지가 중요해? 내 우울한 마음을 먼저 위로해줘야 하는 거 아냐?"라고 묻습니다. 반면 1번이나 2번을 선택한 사람들은 3번을 선택한 이들에게 "우울하면 우울한 거지

빵은 왜 산 거야? 도대체 무슨 빵을 샀기에 우울함이 가신 거야?"라며 '우울'과 '빵' 사이의 상관관계를 궁금해합니다. 재미있는 것은 대부분 자신과 다른 답변을 선택한 사람을 도무지 이해하지 못한다는 겁니다.

무엇을 선택했든 정답은 없습니다. 여기서 중요한 건 정답을 찾는 것이 아니라 상대방이 듣고 싶은 말이 무엇이냐는 점입니다. 사실 우울해서 빵을 샀다고 말한 사람이 원하는 건 '위로'의 말이었을 겁니다.

상대방의 언어로
말해야 하는 이유

T와 F의 반응 차이를 좀 더 살펴봅시다. 당신이 회사에서 일주일간 야근하며 고생한 끝에 프로젝트를 성공적으로 마쳤습니다. 이때 당신은 어떤 칭찬을 받고 싶나요?

1. 그간 밤낮으로 정말 고생 많았어요.

2. 이번 일은 정말 성공적이네요.

1번은 과정에 대한 칭찬이고, 2번은 결과에 대한 칭찬입니다. 1번, 즉 과정에 대한 칭찬을 선호하는 사람들에게 2번 칭찬이 어떤지 물어보면 이렇게 말합니다. 이런 칭찬은 너무나도 냉정하고 삭막하다고요. 이런 칭찬을 하는 사람은 언젠가 내가 실패하게 되면 아무리 노력을 많이 했더라도 비난할 것 같다고 합니다. 결과까지 좋으면 당연히 더 좋겠지만, 우선은 일을 잘해내기 위해 노력한 것 자체로 인정받고 칭찬받아야 한다는 거죠.

2번, 즉 결과에 대한 칭찬을 선호하는 사람들은 이렇게 말합니다. 과정도 중요하지만 결과가 좋지 않다면 무슨 소용이 있냐고요. 그러니 내가 아무리 열심히 했더라도 그보다는 결과 자체를 칭찬받는 게 좋다고 합니다.

20여 년 전에는 이런 차이를 성별의 차이라고 봤습니다. 존 그레이의 책《화성에서 온 남자 금성에서 온 여자》가 국내에서만 100만 부 이상 팔렸을 만큼 이 주장은 많은 사람에게 공감을 얻었죠. 지금에 와서 이 책을 다시 읽어보면 여자는 모두 F로, 남자는 모두 T로 규정하고 있습니다. 하지만 사실 모든 여자가 F인 것도 아니고, 모든 남자가 T인 것도 아닙니다.

당신은 T입니까, F입니까? 칭찬을 받는 상황을 두고 T와 F의 차이를 좀 더 자세히 설명해보겠습니다. 결과에 대한 인정이 중요한 T가 선호하는 칭찬은 다음과 같습니다.

- 진짜 잘한다.
- 네가 제일 잘했다.
- 정말 빠르게 배운다.
- 네 결과물이 최고다.
- 어떻게 이렇게 잘해?
- 너희 상사가 보는 눈이 없네.

위의 칭찬이 마음에 드시나요? 부족하다면 아래의 칭찬이 더 마음에 드실 겁니다. 과정에 대한 인정이 더 중요한 F가 좋아하는 칭찬은 이렇습니다.

- 너는 정말 소중해.
- 이렇게 열심히 하다니, 고생 많았어.
- 너는 정말 필요한 사람이야.
- 난 너를 믿어.
- 항상 고마워.
- 떡볶이 먹으러 갈래?

저는 실제로 강연에서도 이 상황을 예로 들어 본인의 성향을 돌아보게 하는데, 백이면 백 F와 T는 서로를 이해하지 못합니다.

F인 사람은 T의 칭찬법에 대해서 "불친절하다" "삭막하다"라는 반응이고, T인 사람은 F의 칭찬법에 대해서 "그게 무슨 칭찬이냐?"며 의아해합니다. 특히 마지막 예문인 떡볶이를 먹으러 가자는 말이 왜 칭찬인지 도무지 이해하지 못하죠. 그런데 정확히 제가 "떡볶이 먹으러 갈래?"라고 말하는 순간, 강연장 여기저기서 공감의 웃음이 터집니다. 박수를 치며 고개를 크게 끄덕이는 사람도 있습니다. 그만큼 이 말에 깊게 공감하는 사람도 있다는 뜻입니다.

여기서 중요한 건 상대방과의 차이를 내가 이해하느냐 못 하느냐가 아닙니다. 상대방은 이렇게 생각할 수도 있다는 걸 내가 받아들이느냐 아니냐가 핵심입니다. 상대방의 생각을 내가 받아들이지 않으면 대화는 바로 끝이 납니다. 무슨 말을 하든 내 뜻이 그대로 전달되는 건 요원해지죠. 그러니 내가 '상대방을 칭찬하고 싶다'라는 의도가 있다면 반드시 상대방의 언어로, 상대방이 좋아할 만한, 상대방이 받고 싶은 칭찬을 해야 합니다. 상대방의 언어를 이해하는 과정 없이 내 생각대로 칭찬한다면, 상대방은 오히려 기분이 나쁠 수도 있습니다.

가령 "너 그렇게 안 봤는데, 진짜 잘한다"라고 칭찬한다면 어떤 사람들은 정말 좋아할 겁니다. 앞에 무슨 전제가 붙든 "잘한다"라는 말을 더 중요하게 생각하기 때문이죠. 반대로 어떤 사람들은 무척 기분 나빠합니다. "너 그렇게 안 봤는데"라는 말을 더 중요하게 받아들이기 때문입니다.

다름을 인정해야
소통의 기회가 열린다

우리는 모두 다릅니다. 그런데 대부분 이 사실을 간과합니다. 사람은 다 거기서 거기라고 생각하죠. 심지어 내 상식이 보편적인 상식이라고 생각합니다. 이는 엄청난 착각입니다. 이 착각이 대화를 망치고, 나아가 관계까지 그르칩니다. 여러 사람과 대화해보면 평범한 상식조차 일반적이지 않다는 걸 시시때때로 깨닫곤 하죠. 지금 처한 환경, 살아온 경험, 주로 이야기를 나누는 친구가 모두 다르기 때문에 어쩔 수 없습니다. 단적으로 말해 나와 완전히 같은 생각을 가진 사람은 없습니다.

따라서 대화할 때는 나와 남이 얼마나 같은지를 판단할 것이 아니라, 나와는 다른 남을 그대로 받아들이고 인정해야 합니다. 나아가 남을 칭찬할 때나 위로할 때, 하다못해 내 고민을 털어놓을 때도 상대방이 원하는 스타일로 말해야 합니다. 상대방의 말을 들을 때도 어떤 판단을 내리기 전에 상대방의 성향을 먼저 수용하면 이해의 깊이가 달라집니다. 그래야 더 즐겁게 소통할 수 있고, 더 행복한 대화가 가능해집니다.

한 가지 덧붙이자면, 저는 MBTI를 그리 신뢰하지 않습니다. 인지심리학자인 김경일 교수님은 "MBTI는 지난 3년간의 내 결정의 총합일 뿐"이라고 했습니다. 다시 말하면 내가 하는 여러 선택에 따라 내 MBTI가 바뀔 수 있다는 뜻입니다. 그럼 이렇게 가변적인 MBTI를 저는 왜 이토록 열심히 설명하는 걸까요? 신뢰하지 않는다면서 MBTI에 근거해서 대화법을 설명하는 게 무슨 의미가 있을까요?

사람은 각기 다르고, 상대방이 더 편하게 받아들이도록 말해야 한다는 제 주장을 재밌으면서도 더 설득력 있게 설명하기 위해 MBTI만 한 예시가 없다고 생각했습니다.

저 역시 제 이야기를 다른 사람에게 더 잘 전달하기 위해 노력합니다. 제가 MBTI를 믿고 안 믿는 건 중요한 게 아닙니다. 제게는 이 글을 읽는 많은 사람이 제 말을 더 편안하게 이해하고 받아들이는 게 훨씬 중요합니다.

"

신뢰감을 주는
대화는
무엇이 다른가

"

내가 하는 말이
곧 나다

"어떻게 하면 신뢰를 줄 수 있을까요?"

이 질문을 조금 더 자세히 들여다보면, 두 가지 의미가 담겨 있습니다. 하나는 초면인 사람에게 신뢰를 주고 싶다는 뜻이고, 다른 하나는 가족이나 동료, 상사 등 자주 만나는 이들에게 지금보다 더 신뢰감 있는 사람이 되고 싶다는 뜻입니다. 얼핏 비슷해 보이지만, 그 방법에 있어서 큰 차이가 있죠.

먼저 초면인 사람에게 신뢰를 주고 싶다면 미소를 띤 밝은 표정과 정확한 발음, 발성이 필요합니다. 시청각적으로 좋은 인상을 주어야 신뢰 구축을 위한 다음 스텝을 밟을 수 있으니까요. 구체적인 훈련법은 제 책《한석준의 말하기 수업》에 자세히 나와 있습니다.

　여기서는 가족이나 동료, 상사 등 매일 혹은 자주 만나야 하는 사람들과의 신뢰에 대해 말해보려 합니다. 가족, 직장 동료나 상사처럼 이미 관계를 맺고 있고, 앞으로도 관계를 지속할 사람들에게는 발음이나 발성만으로 신뢰를 주기가 어렵습니다. 아무리 좋은 발음, 발성이라도 매일 들으면 익숙해져서 이점으로 작용하지 않으니까요. 표면적으로 드러나는 요소로 신뢰를 얻기 바라서는 안 된다는 얘기입니다. 자주 만나는 사이에서는 평소의 태도와 사고방식 등을 통해 본연의 모습이 드러나기 마련입니다. 어떤 말로 신뢰를 얻을까를 고민하기에 앞서, 내가 하는 말이 내 어떤 모습을 담고 있는지를 살펴봐야 합니다. '내가 하는 말이 곧 나다'라는 사실을 기억하면서요.

신뢰를 주는 말은
신뢰감 있는 태도에서 나온다

　많은 이에게 오랫동안 신뢰감을 주는 사람들에게는 다음과 같은 공통점이 있습니다.

첫째, 자신이 한 말은 지킨다

신뢰감을 주는 이들은 어떤 상황에서든 자신이 한 말은 지킵니다. 다른 말로 표현하면 '지킬 수 있는 말만 한다'고 할 수 있습니다. 한마디로 말의 무게를 아는 거죠.

말의 무게를 아는 사람과 그렇지 않은 사람의 차이는 생각보다 큽니다. 전자는 그동안 자신이 한 말은 대부분 지켜왔기 때문에 어쩌다가 지키지 못하는 불상사가 발생하면 주위 사람들이 더 놀라고 안타까워합니다. '정말 어쩔 수 없는 일이 생겼나 보네' 하고 말이죠. 그만큼 다른 사람의 도움이나 협조도 요긴하게 구할 수 있습니다. 오랫동안 쌓아온 무게감 있는 말들이 가져온 신뢰 덕입니다.

그런데 후자는 어떨까요? 번번이 자기 자신 혹은 주변 사람들과의 약속을 어긴다면 얼마 지나지 않아 그 사람이 하는 말은 공기처럼 가벼운 취급을 받게 됩니다. 회사라면 그 사람에게 업무상의 중요한 일을 맡기지 않겠죠.

이런 사람들은 자신이 약속을 지키지 못한 이유를 매번 외부에서 찾습니다. 예를 들어, 본인은 집에서 일찍 나왔는데 그날따라 지하철이 연착됐거나, 교통사고가 나는 바람에 차가 막혔다거나, 갑자기 거래처에서 무리한 요구를 하는 바람에 정해진 기일에 일을 끝마치지 못했다거나…. 핑계도 각양각색입니다.

물론 정말 피치 못할 일이 생겼을 수 있습니다. 하지만 그렇다면 그다음부터는 상황을 대비하려는 노력이 있어야 할 것입니다. 차가 막힐 것을 고려해 10분 일찍 출발하거나 급한 업무가 끼어들 것을 고려해 여유 있게 일정을 잡는 식으로요.

안타깝게도 이렇게 외부 상황에 끌려가는 이들은 점점 자기 삶에서조차 결정권을 잃어갑니다. 점점 수동적인 사람이 되고, 매사 핑계와 불평만 늘어놓게 되는 거죠. 그들은 이렇게 말합니다.

"난 능력이 있고 준비된 사람인데, 이 조직에선 내게 기회가 안 주어졌어요. 한 번만이라도 나에게 제대로 기회를 줬다면, 제 능력을 증명할 수 있었을 겁니다."

사실 그에게도 기회가 있었습니다. 다만 그 기회는 제대로 준비된 사람의 몫이라는 걸 몰랐던 겁니다. 이런 일이 반복되면 이들의 말은 더 신뢰를 얻기 어렵습니다. 내가 한 말은 반드시 지키는 사람들은 한발 앞서 생각하고 벌어질 모든 일을 추론해 자신의 타임테이블에 넣어둡니다. 그래야 내 말에 책임을 질 수 있으니까요.

둘째, 문제가 아닌 해결책부터 찾는다

신뢰감을 주는 이들을 가만히 살펴보면 한결같이 문제가 아닌 해결책에 집중합니다. 그들은 어떤 사건이 벌어지든 결코 잘

잘못을 추적하는 데 시간을 낭비하지 않습니다. 일단 눈앞에 벌어진 문제를 빠르게 판단하고 해결 방안을 구체적으로 고민하죠.

생각보다 많은 사람이 문제가 벌어졌을 때 해결책을 찾기보다 누가 그랬는지, 왜 그랬는지, 어떻게 그런 일이 일어났는지를 세세하게 따집니다. 하지만 이런 행동은 문제 해결에 아무런 도움이 되지 않습니다. 오히려 방해가 되죠. 아직 문제가 해결되지 않았다면, 잘잘못을 가리는 일은 미뤄두고 이 상황을 좋은 방향으로 반전시킬 수 없는지 냉정하게 고민해야 합니다. 이후 잘잘못을 따질 때에도 같은 상황을 반복하지 않기 위해서지 누군가를 질책하는 것이 목적이어서는 안 됩니다. 십중팔구 관계를 망치기 때문입니다.

KBS에서 근무할 때 아나운서실은 숙직 근무가 있었고, 숙직자가 새벽 5시 라디오 뉴스를 해야 했습니다. 제가 숙직이었던 어느 날, 알람을 새벽 4시 30분으로 맞춰두고 숙직실에서 쉬고 있었습니다. 4시 40분쯤엔 라디오 부스에 도착해서 물 한 잔 마시고 원고를 확인해야 차분한 마음으로 뉴스를 진행할 수 있었기 때문이죠.

그렇게 숙직실에서 쉬다가 깊은 잠에 들었나 봅니다. 불길한 느낌의 전화벨 소리에 깜짝 놀라 눈을 떠보니 4시 57분이었죠. 아뿔싸! 반복해 울리도록 맞춰둔 알람을 한 번도 듣지 못했던 겁니다. 수화기를 내려놓자마자 빠른 걸음으로 라디오 부스를 향해 갔습니다. 마음 같아선 뛰고 싶었지만 숨이 차오르면 뉴스를 읽는 데 지장이 생길 것 같아서 경보 선수처럼 빠르게 걸었죠. 도착한 시간은 4시 59분 50초. 숨이 가쁘진 않았지만 잔뜩 긴장한 터라 뉴스가 제대로 읽힐 리 없었습니다.

방송을 마치고 나오자마자 이 상황을 당시 라디오 뉴스 현업 부장인 김관동 아나운서에게 보고했습니다. 자칫 큰 방송사고로 이어질 수 있었던 터라 크게 꾸지람을 들을 각오를 하면서요. 그런데 부장님의 반응은 제 예상과 사뭇 달랐습니다. 그는 차분한 목소리로 어떤 일이 벌어졌는지를 구체적으로 확인한 후, 이렇게 말했습니다.

"상황은 잘 알았다. 늦지 않게 보고한 건 잘한 일이야. 우선 남은 방송 마무리 잘해. 방송 끝나고 경위서 작성해두고 팀장 회의 마칠 때까지 기다려."

부장님은 팀장 회의에서 제 실수가 아나운서실 내의 주의 조치로 결정된 후에야 저를 따로 불러 혼냈습니다. 아무 내색 없다가 모든 일이 마무리 되고 나서 잘잘못을 가린 겁니다. 저는 이 사건 이후로 그분을 깊이 신뢰하게 됐습니다. 후배 아나운서의 큰 실수를 두고 질책과 추궁을 하기에 앞서, 상황부터 바로잡으려 한 그의 모습이 믿음직했습니다. 이 사람과는 계속 함께 일

해도 되겠다, 끝까지 함께하고 싶다는 강한 바람이 생겼죠. 주변 사람들로부터 신뢰를 받으려면 어떤 자세를 지녀야 할지 깨닫게 됐습니다.

셋째, 행동으로 말한다

신뢰감을 주는 사람들은 무엇보다 행동으로 말합니다. 행동으로 말한다는 건 자신의 일을 장악하고 있다는 뜻입니다. 일을 장악하고 있는 사람은 말을 아끼고 결과로 증명합니다. 자신감이 있기에 쉽게 흔들리지 않고요. 그만큼 자신이 하는 일에 대해서는 그 어떤 작은 부분일지라도 다 꿰고 있다는 뜻입니다. 일을 쥐락펴락할 능력이 되니 어떤 문제가 벌어져도 재빨리 해결책을 마련할 수 있죠. 소위 전문가가 되는 겁니다.

그런데 전문가 위에 한 단계가 더 있습니다. 전문가를 뛰어넘는 사람, 바로 고수입니다. 전문가는 자기 일을 제대로 잘하는 사람입니다. 자신이 맡은 영역에서 못하는 일이 없고, 누구와 비교해도 성과가 뛰어납니다. 그렇다면 고수는 어떤 사람일까요?

고수는 그 영역을 전혀 모르는 사람에게도 자신의 업무를 쉽게 설명할 수 있는 사람입니다. 이 점이 전문가와 고수를 가르는 결정적인 차이입니다. 물론 전문가도 설명을 잘합니다. 하지만 전문가의 설명은 말 그대로 전문적이어서 듣는 사람의 배경지식이 부족하면 그 설명을 온전히 이해하지 못합니다. 그러나 고수는 듣는 사람의 이해 수준을 재빨리 파악하고, 상대방의 눈높이에 맞게 설명 방식을 바꿉니다. 여러분은 전문가가 되고 싶습니까? 고수가 되고 싶습니까?

　신뢰를 주는 사람들의 세 가지 공통점을 단순히 업무상의 문제로만 한정 짓지 않기를 바랍니다. 이는 인생을 살아가는 태도의 문제입니다. 내 삶을 어떤 태도로 살아갈 것인가가 결국 관계에 있어서의 신뢰를 결정합니다. 그리고 그러한 태도는 나의 대화에서 드러나게 마련입니다.

‚‚

'내가 하는 말이 곧 나'라는
사실을 잊지 마세요.

TIP
이렇게
해보세요

내 말에 신뢰를 주는 4가지 방법

신뢰는 평소의 태도와 내가 내뱉은 말에서 형성됩니다. 다음의 사례 연습을 통해 내 말에 신뢰를 주는 사람이 돼보세요.

1. 말한 것은 반드시 지키기: 약속은 신중하게 하고 지킬 때는 철저하게 지키세요.

> **연습** · 회의 시간 5분 전에 항상 도착한다.
> · 업무 마감일을 지키지 못할 것 같으면, 미리 상황을 설명하고 새로운 기한을 제안한다.

2. 문제 해결에 집중하기: 비난이나 변명 대신 해결책을 모색하세요.

> **연습** · (팀 프로젝트에서 문제가 발생했을 때) "누구 잘못인지 따지기보다 지금 우리가 할 수 있는 최선의 방법을 찾아봅시다."

- (고객 불만 사항 접수 시) "불편을 드려 죄송합니다. 어떻게 하면 이 상황을 개선할 수 있을지 고민해보겠습니다."

3. 행동으로 보여주기: 말보다 행동으로 신뢰를 얻으세요.

> 연습
> - (새로운 업무방식 제안 시) 직접 시범을 보이고 결과를 공유한다.
> - (팀원 교육 시) 이론적 설명보다 실제 업무 상황에서 시연해 보인다.

4. 소통 능력 향상하기: 복잡한 개념을 쉽게 설명할 수 있는 능력을 기르세요.

> 연습
> - 전문용어를 일상적인 비유로 설명하는 연습을 한다.
> - 동료나 가족에게 자신의 업무를 5분 동안 쉽게 설명해본다.

"

좋은 대화가
좋은 관계를
만든다

"

우리가 대화의 기술을
배우는 진짜 이유

요즘 유튜브에서 인기 있는 인간관계 관련 영상을 보면 조금 걱정이 됩니다. 섬네일만 보면 마치 인간관계가 하등 쓸데없다고 말하는 것 같습니다. 하지만 그런 생각은 정말 위험합니다. 우선 제가 본 유튜브 영상의 제목들을 예로 들어보겠습니다.

- 인간관계, 노력하지 마세요

- 친구가 없을수록 똑똑하다는 증거. 친구 필요 없습니다

- 이런 사람은 무조건 걸러라

- 모두와 잘 지낼 필요가 없는 진짜 이유

- 나이가 들수록 친구가 굳이 필요 없는 이유

고백하건대 이 중엔 제가 출연한 영상도 있습니다. 하지만 그 영상은 조금 다른 관점에서 인간관계를 다룬 것입니다. 그 영상에서 말하는 핵심은 인간관계에 너무 집착해서 자기 자신을 괴롭히지 말라는 것이었죠.

간혹 인간관계에 너무 집착한 나머지 상처를 받으면서도 어떻게든 관계를 유지하려고 애쓰는 이들이 있습니다. 자기 삶이 피폐해지는데도 그 끈을 끊어내지 못하는 사람들이죠. 제가 출연한 영상은 이런 분들을 위로하고 앞으로 나아가게 할 목적으로 만든 것이었습니다.

인간관계에 관한 영상이 많이 나오고 조회 수가 높다는 것은 역설적으로 우리가 그만큼 인간관계에 연연한다는 뜻입니다. 우리가 대화법을 배우고 스피치 기술을 익히는 것도 궁극적으로는 다른 사람과 좋은 관계를 맺기 위해서입니다. 사회생활이란 대부분 인간관계를 바탕으로 이뤄지기 때문입니다.

그런데 인간관계가 중요한 진짜 이유는 사회생활을 잘하기 위해서만이 아닙니다. 좋은 인간관계야말로 행복의 원천이기 때문입니다. 우리는 인간관계를 통해 진정한 행복을 느낍니다. 다른 사람과 어울리고, 소통하고, 교류하는 일 자체가 인간에겐 행복입니다. 좋은 사람과 좋은 관계를 맺으며 서로가 서로에게 긍정적인 영향을 주는 건 행복을 위한 필수 조건이라 할 수 있습니다.

좋은 인간관계를 만들기 위해 반드시 기억해야 할 것이 있습니다. 바로 '상대방을 정성스럽게 대하는 것'입니다. 누구나 존중받길 원합니다. 누군가로부터 무시당하지 않고, 자신의 말과 존재가 존중받길 원하죠. 자신을 무시하고 함부로 하는 사람이 있다면 당장은 그 사람이 나보다 나이가 많아서, 상사라서, 어려운 사람이어서, 힘이 센 사람이어서 등등의 이유로 관계를 유지할 수 있지만, 그 사람을 진심으로 좋아하기는 어려울 겁니다.

만나는 모든 사람에게
정성을 다하라

제가 좋아하는 동기부여 강사 K는 요즘 유튜브에서 굉장히 유명합니다. 이분은 늘 얼굴 한가득 미소를 짓고 있습니다. K는 자동차 영업왕으로도 명성이 높은데, 어느 날 함께 저녁을 먹다가 제게 이렇게 말했습니다.

"저는 어떤 사람을 만나든 상대방에게 정중하고 예의 바르게 행동하기 위해 최선을 다해요. 그 사람이 고객이든 아니든 상관없이 말이죠. 이렇게 가리지 않고 모든 사람을 정성스럽게 대하다 보면 뜻하지 않게 차를 구매하거나 차가 필요한 지인을 소개해주는 분들이 생깁니다."

한때 사업 실패로 어려운 시절을 보냈던 K는 당시 자신에게 친절하게 대해준 사람들을 모두 기억하고 있습니다. 그때 그들에게 느꼈던 따뜻함을 절대 잊지 못한다고 말합니다. 그래서 자신도 다른 사람에게 그 따뜻함을 전해주기 위해 노력하고 있고요. 온 마음을 다해서 상대방을 대하는 그의 모습은 항상 저에게 감동을 줍니다.

물론 모든 사람에게 정성을 다하기란 쉽지 않습니다. 상대방에게 나의 진심을 온전히 전하는 작은 실천 강령 세 가지를 말씀드리겠습니다.

첫째, 상대방을 꼭 만나고 싶었던 사람이라고 상상하라

여러분은 꼭 한번 만나보고 싶은 사람이 있나요? 존경하는 학자도 좋고, 좋아하는 연예인도 좋고, 유명 사업가도 좋습니다. 제 강의를 들은 수강생분들에게 물어보니 오은영 박사님, 김경일 교수님, 김미경 강사님 등이 떠오른다고 하더군요. 만약 그 사람을 만나 대화한다면 우리의 태도는 어떨까요?

기쁜 마음으로 그 사람을 귀하게 대할 것입니다. 태도는 물론 말투도 평소보다 훨씬 신경 쓰게 되겠죠. 이런 태도와 말투로 주변 사람들을 대한다면 어떨까요? 정성스러운 당신의 태도에 주변 사람들은 깜짝 놀라고 자신도 정성을 기울여 당신을 대할 겁니다. 이런 태도는 상대방을 변화시킵니다.

둘째, 상대방의 장점을 찾아라

상대방을 존중하라고 하면 간혹 이렇게 반문하는 사람이 있습니다. "존중할 부분이 없는 사람은 어떻게 하죠?" 하지만 제 경험상 존중할 점이 없는 사람은 없습니다. 누구에게나 장점이 있고, 다른 사람에겐 없는 자신만의 고유한 경험이 있습니다. 단지 그 순간의 내가 그것을 '모를' 뿐입니다. 그러니 찾아보세요. 그 사람에게는 어떤 장점이 있는지 말입니다. 그 과정에서 예전엔 미처 몰랐던 상대방의 장점을 찾게 된다면, 그 자체로 당신은 그를 존중하게 될 것입니다.

셋째, 상대방의 상황을 고려하라

자주 보는 사이가 되고 대화가 잦아지면 상대방의 말 한마디에 기분이 확 상할 때가 생깁니다. 바로 그 순간에 상대방의 입장을 이해하려고 노력해볼 필요가 있습니다. 내가 저 상황에 처한다면 나는 어떤 말을 할까? 나 역시도 비슷하게 말하지는 않을까? 나라고 더 나은 말을 할 수 있을까? 저 사람이 저런 말을 하는 이유는 무엇일까? 저 사람에게 어떤 상처가 있길래 이 상황에서 저런 말을 하는 걸까?

이렇게 상대방의 입장에서 생각하다 보면 내가 납득하지 못하는 그의 말을 조금 더 이해할 수 있습니다.

또한 미처 파악하지 못한 내 실수도 깨달을 수 있습니다. 내가 상대방이라면 내 말을 듣고 기분이 나쁠지 좋을지를 생각해본다면 내가 어떻게 말해야 할지 알게 될 것입니다.

다른 방법도 많겠지만, 앞의 세 가지 방법 가운데 하나만이라도 적용해본다면 최소한 대화하다가 관계가 틀어질 걱정은 하지 않아도 될 거라 자신합니다.

갑자기 상대방을 대하는 태도를 바꾸자니 어색할 수도 있을 겁니다. 하지만 걱정하지 마십시오. 당신은 어색할지 모르지만 상대방은 달라진 당신의 모습에 오히려 감사할 테니까요.

"

상대방의 마음을 얻는 비결은
서로의 다름을 인정하고,
상대방의 언어로 말하는 것입니다.

PART
2

진정한 소통을 위한
고수의 대화법

"
적을 만드는 대화
VS.
내 편을 만드는 대화
"

대화는 논리 정연한 사람이
이기는 게임이 아니다

아주 오랜만에 대학 시절 친구와 통화했습니다. 그 친구는 웃
으면서 저에게 이런 말을 했습니다.

"《한석준의 말하기 수업》을 읽다가 옛날 네 모습이 떠올라서
한참 웃었어. 일방통행이던 한석준이 말하기를 가르치다니…"

그 말에 저도 따라 크게 웃었습니다. 친구의 말처럼 대학 시절
의 저는 말을 그리 잘하는 사람이 아니었습니다. 사람들 앞에서
발표는 곧잘 했지만 대화는 항상 어려웠습니다. 친구들과 의견
을 나누다가 언성을 높이기 일쑤였고, 말로 오해를 사는 일도 부
지기수였죠. 당시 제 모습을 떠올리면 지금은 스스로가 느끼기
에도 엄청나게 달라졌습니다. 우연한 계기로 깨달은 것도 있고,

노력해서 발전한 부분도 많죠.

대화에 능숙해진 것은 '상대방의 생각과 내 생각이 다르다'는 당연한 이치를 깨우친 후부터입니다. 대학 시절의 저는 타인과의 대화를 '논리 정연하게 말하는 사람이 이기는 게임' 정도로 여겼던 것 같습니다. 내 생각이 논리적이고 옳다고 믿었기에, 누군가가 나와 다른 생각을 말하면 쓸데없는 말이라고 단정 지을 때도 많았고요. 이런 오만함의 기저에는 '대화란 상대방의 생각이 내 생각과 같아야만 통하는 것'이라는 착각이 있었습니다. 그래서 일단 상대방이 나와 견해가 다르면 내 생각이 왜 옳은지부터 설명하려고 들었죠.

당연히 이런 대화는 끝이 좋지 않았습니다. 상대방은 제 말이 옳다는 것을 인정하면서도 감정이 상했고, 더 이상 저와 대화를 이어가고 싶어 하지 않았습니다. 지금 생각해보면 상대방을 적으로 만드는 대화법이었죠.

똑같은 책이나 영화를 본다 해도 사람마다 꽂힌 부분이 다릅니다. 심지어 같은 경험을 하더라도 그 경험을 기억하는 방식이나 느끼는 바가 다릅니다. 그러니 대화에서 상대방의 생각과 내 생각이 다른 것은 너무 당연한 일입니다. 이런 상황에서 상대방을 설득하거나 내 편으로 만드는 건 분명히 한계가 있습니다. 이럴 땐 어떻게 해야 할까요?

말에는 말하는 사람의 욕구와 가치관이 담겨 있습니다. 따라서 특별한 목적이 없는, 다시 말해 애써 설득하거나 합의를 이끌어내지 않아도 되는 일반적인 대화는 상대방과 나의 가치관을 '공유'하는 차원에서 이뤄지는 것이 바람직합니다. 공유의 관점에서 보면 상대방의 생각과 내 생각이 다른 것이 자연스럽습니다. 다르다고 해서 싸우거나 관계가 틀어질 일도 없고요.

상대를 내 편으로 만들고 싶다면 기억해야 할 것들

그러나 상황에 따라 상대방을 설득하거나 내 편으로 만들어야 할 때가 있습니다. 특히 사회에 나오면 최소한의 합의를 이끌어내는 대화를 훨씬 더 많이 하게 됩니다. 이럴 땐 어떻게 하는 게 좋을까요? 대화에서 상대방을 내 편으로 만드는 유용한 방법 두 가지를 알려드리겠습니다.

첫째, 상대방의 말 속에 담긴 의미를 파악하라

상대방을 내 편으로 만들고 싶다면 본격적으로 말을 이어가기에 앞서 의중을 파악해야 합니다. 상대방이 진짜 말하고자 하는 바를 짚어내는 거죠. '이 사람이 이 대화에서 정말 원하는 게 뭘까?' 생각하면서 상대방의 속내를 호기심 있게 관찰해보는 겁니다. 특별히 반복되는 단어가 있는지, 유독 힘주어 강조하는 건 무엇인지, 표정이 어떻게 변하는지, 한 걸음 떨어져 살피다 보면 그가 정말 하고 싶은 말이 눈에 보입니다. 그래도 상대방의 마음을 알 수 없다면 솔직히 묻는 것도 방법입니다.

저는 가끔 지인들에게 사소한 부탁을 받곤 합니다. 속 시원히 용건을 말하는 사람이 있는 반면, 조심스럽게 돌려 말하는 사람도 있습니다. 말만 들어서는 부탁인지도 모르게 말이죠.

그럴 때 저는 상대방의 말을 정리해서 되묻습니다. 그러면 의미가 명확해지죠. 나아가 상대방은 제가 자신의 말을 주의 깊게 듣고 있다는 것과 자신이 바라는 걸 먼저 알아주었다는 것에 고마움을 느낍니다.

이 방법은 직장에서도 적용해볼 수 있습니다. 특히 업무 지시를 명확히 하지 않는 상사와 일할 때는 무엇보다 의중을 파악하는 것이 중요합니다. 이럴 땐 상사의 말을 끝까지 듣고, 스스로 정리한 다음 내가 제대로 이해했는지 질문을 통해 확인해야 합니다.

"네, 급한 사안이라는 말씀이죠? 늦어도 내일 오후까지 기획안을 보고드리겠습니다." 이런 식으로 말이죠.

둘째, 상대방의 언어로 말하라

상대방의 언어로 말해야 하는 이유는 내 말을 왜곡 없이 정확하게 전달하기 위해서입니다. 예를 들어, 비유를 사용하더라도 상대방의 경험이나 관심사에 기반한 것으로 빗대어 설명하면 상대방에게 내 말을 훨씬 정확하게 전달할 수 있습니다.

자기계발과 관련한 본인의 경험담으로 큰 인기를 끈 유튜버 S작가의 이야기는 상대방의 언어를 잘 사용한 좋은 사례입니다. 형편이 어려웠던 그는 대학을 다닐 때 과외로 돈을 벌고 싶었지만, 당시 대부분의 과외 자리는 모두 의대생들이 차지하고 있었다고 합니다. 그 틈에서 과외 자리를 얻고 싶었던 그는 다음과 같은 홍보문을 작성했습니다.

"저는 내신 꼴등에서 2등급까지 올라온 경험을 바탕으로 당신 자녀의 성적 향상을 도울 수 있습니다. 지금 당신의 자녀가 어려워하고 있는 바로 그 부분이, 과거의 제가 어려워했던 것입니다. 그리고 저는 그것을 극복했던 방법을 기억하고 있습니다. 제가 했던 방법 그대로 당신 자녀의 성적 향상을 도와드리겠습니다."

이 홍보문 덕분에 그는 원하는 대로 많은 과외를 할 수 있었다고 합니다. 물론 이 사례는 말이 아닌 글이지만, 상대방이 원하는 바를 상대방의 언어로 전해야 한다는 점에선 다르지 않습니다. 상대방에게 익숙한 생각과 경험에 기반해 철저하게 자신을 맞추었기 때문에 이 글을 본 사람들의 마음을 움직일 수 있었죠. 상대방의 눈높이에서 이루어진 말이 얼마나 힘이 있는지를 알 수 있는 사례입니다.

이처럼 상대방을 관찰하고, 상대방의 언어로 말하는 것은 결국 내 말을 잘 이해하도록 하기 위함입니다. 이렇게 듣는 사람에 맞춰서 말하다 보면, 상대방은 자연스럽게 나에게 호감을 갖게 됩니다. 내게 호감을 표명한 사람과 한층 더 정성스럽게 대화를 이어가게 되는 것이 당연하겠죠. 그 결과 대화는 선순환을 이루게 됩니다. 이 선순환의 대화법을 잘 기억하기를 바랍니다.

"

주변 사람들과 항상 잘 지내는 사람은
'내가 한 말이 상대에게 어떻게 들릴까?'를
고민합니다.

내 편으로 만드는 2가지 대화법

상대방의 마음을 사로잡고 효과적으로 소통하고 싶다면 다음 2가지 대화법을 실천해보세요. 더 깊이 있고 의미 있는 관계를 만들 수 있습니다.

1. **상대방의 말 속에 담긴 의미 파악하기**: 상대방의 말을 주의 깊게 듣고 '이 사람이 정말 하고 싶은 말이 뭘까?'를 생각하며 상대의 의도를 파악하세요.

> **예시** **상대방**: "이번 프로젝트가 좀 부담스러워요. 시간도 촉박하고…."
> **나**: "프로젝트 기한이 짧아서 걱정되는군요. 어떤 부분이 가장 부담되나요?"

2. **상대방의 언어로 말하기**: 상대방의 경험이나 관심사에 기반한 비유나 예시를 사용하여 상대방의 관점에서 이해할 수 있는

방식으로 말을 재구성하세요.

(스포츠를 좋아하는 동료와 대화할 때)

나: "이번 프로젝트는 마라톤과 비슷해요. 지금은 힘들지만, 꾸준히 페이스를 유지하면 반드시 목표에 도달할 수 있을 거예요."

소통을 방해하는
말버릇 고치는 법

인생에 마이너스가 되는 말버릇
"그게 아니라요"

누구에게나 말버릇이 있습니다. 말버릇이란 무의식 중에 익숙해져버린 어떤 말을 반복하는 행위를 말합니다. 같은 말을 하더라도 어떻게 표현하느냐에 따라 전혀 다르게 전달되는 만큼, 좋은 대화를 위해서는 자신의 말버릇부터 점검해볼 필요가 있습니다. 말버릇은 남들은 다 아는데 정작 자신만 모르는 경우가 많습니다. 스스로 인식하지 못하니 그냥 계속 그렇게 말하기 십상인데, 좋지 않은 말버릇으로 실제 모습보다 낮은 평가를 받는 경우가 많으니 평소에 늘 주의해야 합니다.

저는 인생에 마이너스가 되는 최악의 말버릇으로 "그게 아니라요"를 꼽습니다. "그게 아니라요"는 많은 사람이 무의식적으로 사용하는 말입니다. 자신을 방어하는 대표적인 말버릇이죠. 의도가 무엇이든 이 말을 들은 상대방은 자신의 의견이 무시되거나 거부당했다고 느낄 수 있습니다. 결과적으로 대화가 건설적인 방향으로 나아가기 어렵습니다. 다음의 예시를 살펴볼까요?

상황 1

팀장: **"지금 몇 시죠? 왜 이렇게 늦었어요?"**
팀원: **"그게 아니라요, 오늘따라 차가 막혔어요. 원래 30분이면 도착하는데, 오늘은 한 시간이 넘게 걸렸네요."**

어떤가요? 위의 대화는 팀원의 지각에 팀장이 화가 났고, 팀원은 변명하고 있습니다. 이때 "그게 아니라요"라는 팀원의 말은 "그건 내 잘못이 아니다"라고 맞서며 자신을 방어하는 말입니다. 듣는 사람에겐 불에 기름을 붓는 말이죠.

팀원이 지각한 건 명백한 사실입니다. 이럴 땐 잘못에 대한 인정이 먼저입니다. 지각했다는 사실에 대한 인정 없이 "그게 아니라요"라는 말을 먼저 한다면, 상대방은 "당신이 틀렸다. 나는 억울하다"라는 뜻으로 받아들이게 됩니다. 이때는 이렇게 말하는 것이 좋습니다.

"제가 많이 늦었네요. 죄송합니다. 오늘따라 평소보다 차가 많이 막혔어요. 다음부터는 좀 더 일찍 준비해서 나오겠습니다."

반론을 펼치려면
타이밍이 중요하다

다음 상황을 또 보실까요?

상황 2

> **팀장: "이거 아직도 안 끝냈어요? 이 일이 가장 급하다고 했잖아요!"**
> **팀원: "그게 아니라요, 지금 하던 걸 먼저 끝내고 해도 될 것 같
> 았어요."**

팀원의 입장에서는 효율적으로 일을 처리하기 위해 하고 있던 업무부터 마무리해야겠다고 생각했을 수 있습니다. 팀장은 팀원이 당장 급한 일부터 처리하길 원했고요.

만일 팀장이 '급한 일'이라고 말했음에도 바로 착수하지 않은 상황이라면, 그것은 팀원의 잘못입니다. 그렇다면 "그게 아니라요"라는 말이 먼저 나와서는 안 되겠죠. 이런 상황 역시 자신의 잘못에 대해 먼저 인정해야 합니다.

물론 팀원의 입장에서는 억울할 수 있습니다. 실제로 팀원의 말대로 하던 일을 마치고 하는 것이 더 효율적일 수도 있고요. 그렇기에 왜 일 처리를 이렇게 했는지, 이렇게 하는 게 왜 더 효율적인지 등을 설명하고 싶을 겁니다.

하지만 지금은 때가 아닙니다. 우선 자신의 잘못을 인정한 뒤 상황을 해결하고, 이후 분위기가 누그러졌을 때 설명해도 늦지 않습니다.

> ### 상황 3
>
> **팀장: "여기 서류 정리 누가 한 거예요? 이렇게 하면 어떡해요?"**
> **팀원: "그게 아니라요, 일단 보이는 것만이라도 깨끗하게 치워놓**
> **으라고 해서 급히 정리했어요."**

위의 상황은 팀원 입장에서 보면 앞의 두 상황보다 좀 더 억울합니다. 팀원은 누군가로부터 지시를 받은 대로 일을 한 것뿐인데, 마치 잘못했다는 듯 질책을 받았으니 말입니다. 이럴 때도 "그게 아니라요"보다는 "다시 정리하겠습니다"라고 먼저 말하는 것이 좋습니다. 당장은 그런 일이 벌어진 상황까지 살펴볼 여유가 없을 수 있지만, 시간이 지나 마음이 가라앉고 차분해지면 다른 누군가가 팀원에게 이렇게 정리하라고 지시했던 것을 알게 될 겁니다. 그런 상황이 오면 변명하지 않은 팀원에 대한 평가는 올라가겠죠.

처음에는 이러한 상황들이 불합리하다고 여겨질 수 있습니다. 내 잘못이 아닌데, 제대로 설명도 하지 못하고 넘겨야 하는 상황이 억울할 것입니다. 그러나 그럴수록 시비를 가리기보다는 깔끔하게 인정하고, 책임을 다하는 모습이 상대방에게 감동을 줍니다.

억울하더라도 참으란 얘기가 아닙니다. 다만, 수세에 몰릴수록 자신을 방어하거나 변명하기보다는 문제를 해결하려는 자세가 필요하단 걸 잊어선 안 됩니다. 굳이 내가 나서서 내색하지 않더라도 결국은 자연스럽게 드러난다는 것을 반드시 기억하기 바랍니다.

위기 상황을 긍정적으로 전환하는 대화법

위기 상황에서 적절하게 대응하면 상황을 오히려 긍정적으로 바꾸고 인간관계를 크게 개선할 수 있습니다. "그게 아니라요"와 같은 부정적인 말버릇을 고치고, 상황을 긍정적으로 전환하는 방법을 연습해보세요.

1. **책임 인정하기**: 상황을 인정하고 무엇이 잘못됐는지 구체적으로 설명하세요.

   예시 "그게 아니라요, 차가 막혀서…."(X)

   "제가 30분 늦었습니다. 죄송합니다."(O)

2. **개선 방안 제시하기**: 구체적인 해결 방안과 함께 미래 지향적인 태도를 보여주세요.

• "다음부터는 좀 더 일찍 출발하겠습니다."

• "앞으로는 교통 상황을 미리 확인하고 여유 있게 나오겠습니다."

3. **상황 설명은 나중에**: 즉각적인 변명을 자제하고, 적절한 시기에 차분하게 설명하세요.

(상황이 진정된 후) "오늘 특별히 교통 체증이 심했습니다. 앞으로 이런 일이 없도록 좀 더 서두르겠습니다."

4. **해결 의지 표현하기**: 문제 해결 의지를 적극적이고 긍정적인 태도로 표현하세요.

• "지금 바로 서류를 다시 정리하겠습니다."

• "어떤 방식으로 정리하는 것이 가장 효율적일지 알려주시면 감사하겠습니다."

"

내향인도
'인싸'로 만드는
스몰토크 공식

"

첫 만남에
좋은 인상을 남기는 법

누군가와 처음 만났을 때 혹은 잘 모르는 사람과 대화를 해야 할 때, 아주 외향적인 사람이 아니고서야 대체 무슨 말을 해야 할지 걱정부터 하게 됩니다. 이럴 때 필요한 것이 바로 스몰토크입니다.

스몰토크를 단순히 어색한 시간을 모면하기 위한 잡담으로 여겨선 곤란합니다. 가볍게 나누는 수다 정도로 여겨지는 스몰토크는 어떻게 활용하느냐에 따라 새로운 관계의 시작점이자 더 깊은 대화로 나아가는 다리 역할을 합니다. 하지만 많은 사람이 이 '작은 대화'를 어려워합니다.

어떻게 하면 자연스럽고 효과적인 스몰토크를 할 수 있을까요?

사실 예전에는 스몰토크가 비교적 쉬웠습니다. 나이와 고향, 출신학교, 가족 관계처럼 모르는 사람과 친해질 수 있는 정형화된 대화 주제가 있었으니까요. 이런 주제들로 질문을 주고받다 보면 거기서 서로의 공통점이 나왔고, 그 공통분모가 자연스럽게 다양한 이야깃거리를 가져다주었습니다. 여러 질문에도 공통점이 나오지 않을 땐 남자들의 경우 군대 복무를 어디서 했는지까지 물어보곤 했죠. 나이가 지긋하신 분들과 대화할 기회가 생기면 여전히 이런 주제가 화제에 오릅니다.

하지만 요즘은 어떤가요? 나이, 고향, 출신학교 등을 묻는 것은 굉장한 실례가 되기도 하고, 상황에 따라서 차별적인 요소로 오해를 불러일으키기도 합니다. 이제 이런 질문은 상대방으로 하여금 긍정적인 마음보다는 부정적인 마음 혹은 방어적인 마음이 들게 합니다. 어떤 사람들은 이런 주제가 조심스러워서 살짝 비틀어서 이렇게 말합니다.

"제가 대학 시절에 신촌에 자주 머물러서요, 제게는 또 다른 고향이죠."

"제가 수능 볼 때는 학력고사에서 수능으로 바뀐 지 얼마 안 됐어요."

"미국에서 대학 다닐 때, 대통령이 오바마였거든요."

하지만 이런 식으로 돌려 말해도 부정적이거나 방어적인 마음이 드는 것은 마찬가지입니다. 나이나 출신학교는 스몰토크의 주제로 삼기엔 적절하지 않습니다. 상대로 하여금 편안하고 기분이 좋고, 마음이 잘 통한다는 생각이 들게 하려면 어떤 주제로 대화해야 할까요?

낯선 자리에서 누군가가 나에게 말을 걸어왔는데, 편하고 즐겁게 대화해본 경험이 있나요? 있다면 그때 상대는 어떤 주제로 나에게 말을 걸어왔습니까? 바로 그것이 스몰토크에 적합한 주제입니다.

스몰토크를 진지한 대화로 발전시키는 3단계 비법

일면 뻔해 보일지 몰라도 '날씨'로 대화를 시작해보세요. "오늘 날씨가 참 좋네요" "일기예보를 보니 오후에는 비가 꽤 내리려나 봐요" "시원한 커피 한잔이 생각나는 날씨네요"처럼 말입니다.

날씨가 스몰토크에 좋은 주제인 까닭은 나와 상대방의 위계, 내가 모르는 상대방의 감정 상태 등과 상관없이 그 누구와도 지금 이 순간 공유하기에 아무 문제가 없기 때문입니다. 물론 날씨로 대화를 계속 이어가긴 어렵습니다. 그래도 날씨를 시작으로 두어 번 대화를 이어가다 보면 자연스럽게 대화의 물꼬가 트입니다. 이쯤에서 스몰토크를 대화로 발전시키는 3단계 비법을 알려드리겠습니다.

1단계. 공통 관심사를 찾아라

나와 상대방 사이에 공통 관심사를 찾아 대화를 이어가야 합니다. 예를 들어 학회에서 만났다면, 근래 들어 이슈가 된 최신 연구나 업계에서 주목받은 성공적인 프로젝트를 소재로 삼으면 좋습니다.

"오늘따라 사람이 많네요. 지난주에 이슈가 된 공법 때문에 사람이 몰린 모양이에요."

"어제 건축 대상 받은 프로젝트 보셨나요? 혁신적인 디자인이더군요."

다만 주의할 점은 공통 관심사를 이야기할 때 부정적인 의견은 가능한 한 지양해야 한다는 점입니다. 가벼운 지적까지는 괜찮지만, 전반적으로 긍정적인 태도를 유지해야 합니다.

2단계. 상대방을 칭찬하라

공통 관심사를 찾았다면 두 번째 단계로 넘어가볼까요? 대화의 주제를 내가 아닌 상대방에게서 찾아 이야기를 이어가는 겁니다. 상대방이나 상대방의 회사나 연구실에 대한 정보를 알고 있다면, 그와 관련한 최근의 일을 칭찬하면 좋습니다.

"최근에 해낸 프로젝트에 대한 이야기를 들었습니다. 상상도 못할 멋진 방법으로 성공하셨더라고요."

"이번에 ○○지구에 대단지 아파트를 건설하셨더군요. 예쁘게 잘 지었다는 말을 많이 들었습니다."

이런 찬사는 상대방의 기분을 좋게 해줌과 동시에 상대방에 대한 내 관심을 은연중에 보여줍니다. 상대방의 마음을 여는 데 아주 좋죠. 칭찬에 대한 상대방의 반응을 예측해본다면 "고맙습니다" 혹은 "과찬입니다" 정도일 텐데, 그다음에는 "어떻게 그렇게 잘 해내신 겁니까?"라는 질문으로 대화를 이어갈 수 있습니다. 질문 자체가 대화를 자연스럽게 이어주는 좋은 도구가 됩니다. 상대방의 답변을 경청하며 적절한 추임새나 추가 질문을 한다면 그는 나와의 대화를 기분 좋은 느낌으로 기억할 겁니다.

3단계. 가벼운 조언을 요청하라

공통 관심사를 발견하고 상대방에 대한 칭찬으로 대화의 분위기가 어느 정도 편안해졌다면 그다음 단계는 가벼운 조언을 요청하는 것입니다. 조언 요청은 상대방에게 자연스럽게 나를 각인시키는 좋은 방법입니다.

내가 최근에 겪고 있는 프로젝트에서의 문제점이나 연구에서 막힌 부분에 대해 조언을 요청한다면, 대부분은 생각보다 적극적으로 이야기를 들어주고 도움이 되는 조언을 주려고 합니다. 그러면 보다 자연스러운 대화가 진행되고 이 과정에서 상대방과 더 많은 이야기를 주고받을 수 있죠. 심리적인 거리가 가까워지는 것은 물론입니다.

대화를 시작할 때 반드시 기억했으면 하는 것이 있습니다. 스몰토크는 나뿐만 아니라 상대방에게도 부담스럽다는 것입니다. 어쩌면 상대방은 당신이 먼저 용기 내 말을 걸어준 그 자체만으로도 고마워할 것입니다. 특히 앞서 예시로 든 학회에서처럼 사람이 많은 장소에서는 더 그렇겠죠. 스몰토크를 연습해서 상대방과 조금 더 쉽게 대화의 포문을 연다면 분명 뜻밖의 기회를 만나게 될 것입니다. 여러분의 작은 용기가 새로운 인간관계를 여는 계기가 되기를 응원합니다.

"

스몰토크는 새로운 관계의 시작이자
더 깊은 대화로 나아가는 다리입니다.

“

티 내지 않고
나를 어필하는 법

”

당신이 지닌
훌륭한 재료부터 찾아라

"티 내지 않고 자연스럽게 나를 드러내는 방법이 있을까요?"

가끔 동료 방송인이나 기업의 임원들에게 이런 질문을 받곤 합니다. 처음 이 질문을 받았을 때 적잖이 당황했습니다. 제 생각엔 이 질문을 한 분들이 이미 자신의 매력을 드러내는 데 누구보다 탁월한 사람들이었으니까요. 아무리 사회생활을 오래 했어도, 세련되게 나를 어필하는 건 계속 갈고닦아야 할 기술인 듯합니다.

사실 많은 사람이 이런 고민을 합니다. 회의나 모임 등 여럿이 모인 자리에서는 나를 드러내야 할 일이 생기곤 하니까요. 그런 자리에서 매력적인 사람으로 비춰지고 싶은 마음은 누구에게나 있을 겁니다.

자신을 드러내는 방법을 고민하는 사람들에게 저는 먼저 자신이 가진 훌륭한 재료가 무엇인지 찾아보라고 제안합니다. 나의 강점을 찾아보라는 말입니다. 누군가는 중저음의 목소리가 장점일 것이고, 누군가는 유머러스한 개그 감각이 장점일 것입니다. 밝은 미소나 큰 리액션, 경청하는 자세 등도 장점이 될 수 있겠죠.

훌륭한 재료를 찾는 이유는 무엇일까요? 남의 눈에 들기 위해 애쓰지 않아도 나 자신에게 이미 누구도 대신할 수 없는 훌륭한 장점이 있다는 것을 깨닫기 위해서입니다. 자신의 장점을 메모장에 한번 적어보세요. 아마 그동안 깨닫지 못한 장점을 발견하는 기쁨을 얻게 될 겁니다.

상대를 배려하며
나를 드러내는 법

자신의 장점을 알았다면, 이제 나를 드러낼 차례입니다. 다음 세 가지 방법을 추천합니다.

첫째, 대화 자리에 함께 있는 사람을 칭찬하라

함께 있는 사람을 칭찬하는 것만큼 나 자신을 돋보이게 하는 일은 없습니다. 나를 돋보이게 하기 위해 다른 사람을 칭찬하라니 아이러니하게 들릴 겁니다. 내가 이뤄낸 성과나 자랑거리를 드러내고 싶겠지만, 자칫 잘못하면 잘난 척하는 사람으로 낙인찍히고 맙니다. 여유를 갖고 한 걸음 물러설 필요가 있습니다.

만약 누군가가 여러분의 성과나 자랑거리를 대신 칭찬해준다면 어떨까요? 기분이 무척 좋을 겁니다. 나를 칭찬해주는 상대가 정말 고마울 거고요. 이 사실을 기억하면서 입장을 바꿔 여러분이 먼저 상대방을 칭찬해보세요. 적어도 그에게는 아주 확실하게 나를 드러낸 겁니다.

저와 아내는 이번에 스튜디오를 개업하면서 지인들을 초대해 개업식을 열었습니다. 모두 자신의 위치에서 어느 정도 경지에 오른 분들이라 서로 인사를 나눌 수 있도록 한 분 한 분 직접 소개해드렸죠.

"○○○ 님은 요즘 미술계에서 센세이션을 일으키고 있는 도슨트입니다. 이분의 설명을 들으며 작품을 감상하면 전시에 대한 이해도가 완전히 달라집니다. 가능하다면 이번 전시회는 반드시 이분이 도슨트로 나오는 시간에 가보세요. 작품이 다르게 보일 것입니다."

"○○○ 님은 상속 전문 변호사로 상속과 증여 문제에 대해 깊이 있는 연구와 활동을 하고 계십니다. 우리나라 상속세와 그에 따른 제반 사항에 대해 깊이가 대단하죠. 상속 문제로 사회적 이슈가 있었을 때 법 개정 운동까지 주도하셨죠."

단순히 직업을 소개했다기보다 대략 이런 식으로 제가 파악한 이분들의 장점을 칭찬해드렸습니다. 이 뒤에 이어진 담소의 자리에서 이분들은 어떤 대화를 나누었을까요? 제 소개에 이어 자신이 하고 있는 일에 대해서 좀 더 상세하게 설명할 기회를 가졌습니다. 그 설명이 바로 자기 자랑이 됐고요.

도슨트는 어떻게 미술 작품을 봐야 하는지, 미술 작품을 재밌게 설명하기 위해 자신이 어떤 노력을 하고 있는지 설명했습니다. 변호사는 과거에 자신이 맹활약했던 사건에 관해서 이야기했고, 특히 법의 어떤 부분이 문제였는지, 그 부분을 개정할 수 있도록 자신이 어떤 역할을 했는지를 설명했습니다.

결과적으로 이 자리에 함께한 사람 모두 자기의 성과를 소개할 수 있었고, 그 자체가 자기 자랑이 됐습니다. 서로에 대해 더 깊게 알게 된 것은 당연한 일이고요.

이렇게 하면 남을 띄워주는 것이지 나 자신을 어필하는 것은 아니지 않느냐고 반문할 수 있습니다. 하지만 이런 식으로 칭찬을 받은 분들은 하나같이 저를 대화의 시작에 두고 좋게 평가

하면서, 기회가 닿을 때마다 저를 칭찬했습니다. 타인을 통해 제 자신을 어필할 기회가 저절로 생긴 거죠.

타인이 자랑하고 싶은 부분을 대신 칭찬해주세요. 그다음부터는 그가 나에 대해 똑같이 칭찬하게 되고, 이것이 곧 자연스럽게 내 자랑으로 이어집니다.

둘째, 상대가 관심 있어 할 만한 주제나 정보를 이야기하라

상대방이 관심 보일 만한 주제나 정보를 이야기하는 것은 나를 각인시키는 좋은 방법입니다. 그것만큼 나를 주목시키는 것이 없습니다. 문제는 내가 언제 누구와 이야기할지 모르고, 그 누군가가 무엇에 관심이 있는지 알 수 없다는 점입니다.

여기서 필요한 것은 관점을 뒤집는 것입니다. 상대방의 관심을 끌 만한 주제나 정보를 미리 준비하는 것은 어렵지만, 내가 가진 이야기를 상대방의 관심에 맞게 연결할 수는 있습니다. 내가 하는 일 혹은 최근의 관심사 중 타인과 연결시킬 만한 것이 무엇인지, 특히 대화 소재로 삼을 만한 것은 무엇인지 미리 생각하고 준비해보는 거죠.

그리고 이렇게 준비한 내용을 재밌게 말할 수 있게 미리 구성을 잡아두면 좋습니다. 그래야 짧은 이야기에도 임팩트를 줄 수 있기 때문입니다.

이때 중요한 팁은 내가 좋아하는 것에 '가치'를 부여하는 것입니다. 다음 두 사람의 말을 비교해볼까요?

>A: "저는 심심할 때 릴스를 봐요. 재밌어서 시간 가는 줄 모를 정도예요."
>
>B: "저는 릴스를 자주 봐요. 짧은 영상을 보면서 요즘 트렌드와 이슈를 파악하곤 합니다."

두 사람 중 누가 더 매력적으로 느껴지나요? 사람들은 같은 행동을 하더라도 B처럼 의미를 부여하는 사람을 훨씬 더 매력적이라고 생각합니다. 이를 통해 상대방의 관심을 유도하고 나를 더 드러낼 수 있죠.

셋째, 열린 태도를 가지고 공통점을 찾아라

어디선가 이런 말을 들었습니다. "말을 잘하는 사람은 구경하러 가고, 말을 잘 들어주는 사람은 친구 하러 간다." 우리는 말을 잘하고 싶어 하면서도, 말을 청산유수로 쏟아내는 사람들을 미심쩍어하는 경향이 있습니다. 말만 번지르르하다거나 사기꾼 같다고 여기기도 하고요.

이런 관점에서 본다면 우리가 대화하고 싶은 사람은 그저 말을 잘하는 사람이 아닙니다. 내 말을 잘 들어주고, 적절한 반응을 보여주며, 편안하게 공감해주는 사람이죠. 이것이 소통의 본질이 아닐까 합니다.

이렇게 상대방에게 관심을 가지고 말을 잘 들어주면 나와 상대방의 공통점이 보일 겁니다. 공통점을 하나라도 찾을 수 있으면 그 공통점으로 인해 두 가지 좋은 효과를 얻게 됩니다. 하나는 서로에 대해서 호감을 느낄 수 있다는 점이고, 다른 하나는 즐겁게 이야기할 소재가 생겼다는 점입니다. 이런 대화 속에서 내 매력이 자연스럽게 드러나는 것은 당연한 일이겠죠.

TIP
이렇게
해보세요

매력적으로 나를 어필하는 대화법

자신을 효과적으로 드러내는 것은 대인관계와 직장 생활에서 중요한 능력입니다. 다음의 방법들을 활용하여 자연스럽고 매력적으로 자신을 어필해보세요.

1. **자신의 장점 찾기**: 자신의 특성을 객관적으로 분석하고 주변 사람들의 피드백을 받아 장점을 파악하세요.

   <u>연습</u> 매일 밤 그날 발견한 자신의 장점을 하나씩 메모한다. 일주일 동안 기록한 장점들을 검토하고, 가장 두드러진 세 가지를 꼽아본다.

2. **타인 칭찬하기**: 상대방을 구체적으로 칭찬하고 관련 질문으로 대화를 발전시키세요.

"최근에 출시한 제품이 정말 혁신적이더라고요. 어떤 과정을
거쳐 아이디어를 얻으셨나요?"

3. **관심사 공유하기:** 자신의 전문성을 상대방의 관심사와 연결
지어 간략히 소개하세요.

최근 읽은 책이나 참석한 세미나에 대해 2분 내외로 설명해본
다. 그 내용을 다양한 분야의 사람들과 어떻게 연결 지을 수
있을지 구상한다.

4. **경청과 공감 능력 기르기:** 상대방의 이야기에 집중하며 그의
감정과 관점을 이해하려 노력하세요.

하루에 한 번, 누군가의 이야기를 중간에 끊지 않고 끝까지 듣
는 연습을 해본다. 들은 내용을 요약하고, 상대방의 감정을 파
악해본다.

"

긴장된 상황에서
자연스럽게 대화를
이어가는 법

"

돌발 질문에 당황하지 않고
대처하는 법

발표나 면접 상황에서 미처 준비하지 못한 어려운 질문을 받으면 어떻게 대처해야 할까요? 스피치의 달인이 아니고서야 대부분은 순간적으로 몸이 경직되고 머릿속이 하얘지면서 아무런 생각이 나지 않게 됩니다. 식은땀이 흐르고, 얼굴은 빨개지고, 모든 동작은 로보트처럼 부자연스러워지죠. 긴장하지 말고 자연스럽게 대처해야 한다고 스스로를 다독이면서 어떻게든 적당한 대답을 해내기 위해 내 머릿속에 저장된 지식들을 떠올려보지만 쉽게 입이 떨어지지 않습니다.

이런 위기 상황을 효과적으로 대처할 방법이 있습니다. 이 방법을 모두 적용한다면 정말 좋겠지만 긴장한 상태에서 그러기란 쉽지 않습니다. 그러니 일단은 잘 기억했다가 하나라도 실천해보기 바랍니다. 훨씬 수월하게 위기를 탈출할 수 있을 겁니다.

첫째, 깊게 호흡하라

돌발 질문에 대처하는 첫 번째 방법은 일단 모든 생각을 멈추고 깊게 호흡하는 것입니다. 숨을 3초간 들이마시고, 7초 동안 천천히 내쉬어보세요. 깊게 호흡하는 것에는 두 가지 효과가 있습니다. 하나는 마음이 안정된다는 겁니다. 깊은 호흡은 그 자체로 긴장 탓에 경직된 몸과 마음을 이완시켜줍니다.

예기치 못한 질문을 받았을 때 숨이 가쁘고 진땀이 나고 몸이 떨리는 이유는 교감신경이 활성화됐기 때문입니다. 활성화된 교감신경을 강제로 가라앉히는 것은 어렵지만, 부교감신경을 활성화시켜서 균형을 맞추는 것은 가능합니다. 이때 효과적인 방법이 바로 깊은 호흡입니다. 실제로 깊게 심호흡을 하면 몸과 마음이 단번에 편안한 상태에 가까워지죠. 멈춰버린 뇌의 사고 능력도 빠르게 복귀됩니다.

깊은 호흡의 또 다른 효과는 상대방에게 내가 신중하게 생각하고 있다는 인상을 줄 수 있다는 것입니다. 깊게 호흡한 뒤 상대방의 질문에 대답하면 상대방으로 하여금 내가 이렇게 당신의 질문을 경청해서 잘 들었고, 진지하게 고민했다는 인상을 줄 수 있습니다. 또한 호흡하면서 생각할 시간을 벌 수 있기 때문에 급하게 대답할 때보다 좀 더 차분하게 할 말을 이어갈 수 있고요.

둘째, 나만의 '방패 문장'을 만들어라

두 번째 방법은 일차적으로 대응할 만한 간단한 말 한마디를 미리 준비해두는 겁니다. 언제든 난처한 상황이 올 때면 방패처럼 이 말을 꺼내겠다 생각하고 짧은 문장을 준비해두세요. 이렇게 시간을 벌 수 있는 마법의 말을 저는 '방패 문장'이라고 합니다. 대표적인 방패 문장으로는 "좋은 질문입니다"가 있습니다.

"좋은 질문입니다. 그 질문만은 안 나오길 바랐는데, 결국 나왔군요."

"좋은 질문입니다. 제 발표를 주의 깊게 들어준 사람만이 할 수 있는 질문이네요. 감사합니다."

"좋은 질문 감사합니다. 그런 질문이 나오길 기다렸습니다."

이런 방패 문장을 하나 준비해두면 당황스러운 순간에 입으로는 방패 문장을 말하면서 머리로는 질문에 대한 답을 생각할 수 있습니다. 3~5초 정도 답을 생각할 시간을 버는 거죠. 제가 든 예시를 참고 삼아 자신에게 맞는 방패 문장을 만들어서 머릿속에 저장해두면 좋습니다.

셋째, 어려운 질문을 두려워하지 말라

마지막으로 질문에 솔직하게 대답하는 방법이 있습니다. 잘 모르는 것을 아는 척하기보다 모른다고 솔직하게 대답하는 것이 훨씬 좋습니다.

앞의 두 가지 대처법을 사용하면서 몸과 마음이 조금 편해진다면, 답변이 떠오를 가능성이 높습니다. 정확하진 않더라도 그에 근접한 답을 떠올릴 수 있게 되는 거죠. 그런데 그런 답조차 생각이 나지 않는 경우도 있습니다. 그럴 때는 모른다고 말하는 게 낫습니다.

질문하는 사람은 대부분 정말 궁금해서 묻겠지만, 상황에 따라 발표자나 면접자를 테스트하기 위해 일부러 답변하기 어려운 질문을 하기도 합니다. 그럴 때 어설프게 아는 척하는 건 되레 나쁜 인상을 줍니다.

그러니 모르는 부분에 대해 질문이 나온다면 "그 부분은 제가 잘 모르겠습니다. 더 정확히 알아보도록 하겠습니다"라고 솔직하게 말하는 것이 좋습니다. 재차 강조하지만 '모르면서 거짓말 하는 사람'보다는 '모르지만 정직한 사람'이 더 낫습니다.

사실 이런 상황을 막으려면 준비를 철저하게 해야 합니다. 예상 질문 목록을 만들고 각각의 질문에 대한 답을 준비해두는 과정은 필수입니다. 답변 리스트를 준비하면 발표나 면접의 질이 훨씬 높아지고, 이 과정 자체가 자신감을 크게 높여줍니다.

발표나 면접에서
매력을 더하는 법

팁 하나를 더 드리겠습니다. 발표 준비를 하다 보면 버릴지 말지 고민스러운 내용이 생길 때가 있습니다. 전체 구성이나 시간을 고려하면 군더더기로 느껴지지만, 내용 자체가 흥미로운 부분이 있죠. 그런 부분은 아쉽더라도 공식적인 자리에서는 빼는 것이 좋습니다. 흐름에 방해가 되기 때문이죠.

그래도 아쉽다면, 살릴 타이밍이 있습니다. 질의응답을 할 때입니다. 미처 말하지 못한 내용을 질문과 연결시켜 자연스럽게 꺼내는 겁니다. 이렇게요.

"좋은 질문 감사합니다. 시간 관계상 발표에서는 제외했던 부분인데, 질문을 해주셨으니 보다 더 자세히 말씀드리겠습니다."

이제부터는 시간에 쫓기지 않고 내가 가진 지식을 마음껏 뽐낼 수 있습니다. 질문이 기회를 준 셈이죠. 더 이야기하고 싶은 부분이 있다면, 발표 중간에 질문을 유도할 수도 있습니다.

"이 부분에 대한 자세한 설명은 다음에 기회가 생기면 더 말

쏟드리겠습니다."

"시간 관계상 더 깊게 들어가지는 않겠습니다."

발표 중간에 이렇게 청중의 호기심을 자극할 만한 표현을 넣으면 질의응답 시간에 그에 대한 질문이 나올 가능성이 큽니다.

취업 면접을 앞둔 분들에게는 한 가지 덧붙이고 싶은 말이 있습니다. 질문을 날카롭게 하는 것은 면접관이나 평가자에게는 꽤 번거로운 일입니다. 그럼에도 이런 질문을 한다는 것은 여러분이 합격 선상에 있기 때문입니다. 최종 면접에선 보통 '웬만하면 뽑을 사람' 10퍼센트와 '웬만하면 안 뽑을 사람' 10퍼센트가 어느 정도 정해져 있을 때가 많습니다. 즉, 나머지 80퍼센트의 사람을 두고 뽑을지 말지 고민한다는 얘기입니다. 그러니 날카로운 질문이 나온다면 이렇게 생각해보세요. '이 고비만 넘기면 합격'이라고요. 실제로도 그럴 가능성이 높습니다.

긴장된 상황에서 차분하게 대처하는 능력은 하루아침에 생기지 않습니다. 이는 시간과 노력이 필요한 기술입니다. 하지만 제가 말씀드린 세 가지 방법을 기억하고, 이 중 하나라도 쓸 수 있다면 여러분은 어느 자리에서든 자신감 있게 말할 수 있게 될 겁니다.

완벽할 필요는 없습니다. 우리는 모두 불완전한 인간이며, 그렇기에 때로는 실수를 합니다. 중요한 것은 이러한 과정을 통해 얼마나 더 나은 사람으로 발전하느냐입니다. 침착함을 유지하고, 정직하게 대응하며, 항상 배우려는 자세를 가진다면 긴장된 상황조차 성장의 기회가 될 것입니다. 이제부터 다가올 모든 발표의 순간을 훌륭한 기회로 삼기를 바랍니다.

"

관계를 망치는 말
VS.
관계를 회복하는 말

"

평생 상처가 되는
말 한마디

"너 이렇게밖에 일 못해? 학교에서 도대체 뭘 배운 거야?"

어떤가요? 직접 들은 것도 아니고, 그저 눈으로 읽는데도 언짢아집니다. 면전에서 이 말을 들은 당사자의 기분은 말할 것도 없겠죠. 요즘은 많이 줄었다지만 여전히 일부 회사에서는 상사가 부하직원에게 이런 말을 한다고 합니다. 만약 누군가와 함께 있는 자리에서 이런 말을 듣는다면 어떨까요? 이유를 불문하고 모멸감을 느낄 것입니다.

일을 더 잘했으면 하는 마음에서 일종의 충격 요법으로 했든 의도가 어떻든 간에 이런 말은 듣는 사람을 더 열심히 일하게 만드는 말이 아닙니다.

사실 저도 비슷한 일을 겪은 적이 있습니다. 예전에 회사원일 때, 큰 실수를 하나 저질렀습니다. 누가 봐도 큰 실수였고 인사 경고까지 받을 만한 일이었습니다. 당시 부서장은 소리를 지르며 제게 이렇게 말했습니다.

"어디서 굴러먹던 놈이 이런 사고를 치고 있어? 제정신이야? 너 때문에 내가 얼마나 머리가 아픈 줄 알아?"

많이 순화한 표현입니다만, 모든 사람이 있는 데서 이런 말을 들으니 반성하는 마음이 들기 전에 너무 부끄러웠습니다. 20년도 더 지난 일이지만 여전히 저 말이 생생하게 기억납니다. 소리 지르던 부서장의 표정과 눈빛까지도요.

저는 회사를 떠나는 순간까지 그 부서장과 거리를 두었습니다. 제가 느꼈던 모멸감은 다시는 그를 보고 싶지 않을 만큼 회복되지 않았고요.

스피치 수업에서 호감 가는 말하기와 인간관계에 관해서 이야기하다 보면 종종 "인간관계에서 무엇을 가장 주의해야 하나요?"라는 질문을 받습니다. 저는 분명하게 말합니다. "상대가 누가 됐든 함부로 대하지 않도록 주의해야 한다"라고요. 상대방을 함부로 대하는 것에는 무례하거나 비꼬는 말, 비난이나 경멸을 담은 말들이 포함됩니다.

수업 중에 한 수강생이 친한 친구를 만나 대화하다가 기분이 나빴던 경험을 털어놓은 적이 있습니다. 평소처럼 일상 이야기를 하고 있었는데 친구가 이렇게 말하더랍니다.

"넌 참, 별걸 다 한다."

평소 할 말 못할 말 가리지 않고 격의 없이 지내는 사이였지만, 이 말을 들었을 때 무척 기분이 상했다고 합니다. 그렇다고 화를 내기에는 애매한 상황이었고요. 잊으려고 애썼지만 며칠 동안 친구의 말이 계속 생각나 기분이 나빴습니다.

"별걸 다 한다"라는 말은 때로 감탄으로 쓰일 수도 있습니다. "난 할 일 하기도 빠듯한데, 넌 이런 것까지 다 하는구나. 대단하다." 이렇게요. 그런데 아마 이 뜻은 아니었을 겁니다. 그런 뜻이었다면 한동안 잊지 못할 만큼 기분이 상하지 않았겠죠. 짐작하건대 비꼬는 말이었을 겁니다.

대화하다 보면 말 한마디로 상대방을 기분 나쁘게 하는 사람이 있습니다. 그럴 의도가 없었다고 변명할지 모르지만, 그가 가까운 사람을 평소에 얼마만큼 귀하게 대하고 있는지 꼭 한번 생각해봐야 합니다.

저와 한 유튜브 채널에 함께 출연했던 정신건강의학과 전문의 최명기 선생님은 무슨 일이 있어도 곁에 두어야 할 사람으로 '아무 이유 없이 날 좋아해주는 사람'을 꼽았습니다. 그런데 많은 사람이 아무 이유 없이 날 좋아해주는 사람을 은연중에 무시한다는 말을 덧붙이셨습니다. 사실 우리의 인생은 나를 좋아해주는 사람 덕분에 풍요로워지는데, 그것을 모른다면서요. 최명기 선생님은 "어떤 사람이 나를 좋아하면 굉장히 귀하게 여겨야 한다"면서 "이들 덕분에 오늘 나의 하루가 풍요로워졌음을 꼭 기억해야 한다"고 강조합니다.

친한 사이일수록
함부로 말하면 안 되는 이유

저는 "넌 참, 별걸 다 한다"라는 말 한마디로 가까운 친구를 밀어낸 그분께 최명기 선생님의 말을 전하고 싶습니다. 물론 친하기 때문에 가벼운 장난처럼 던진 말일 수 있습니다. 친구끼리는 뼈 있는 농담을 주고받기도 하니까요.

그러나 어떠한 이유가 됐든 상대방의 기분이 상했다면 곧바로 사과해야 합니다. "난 장난으로 한 말인데, 기분이 나빴구나. 내 말이 심했어. 정말 미안해. 다음부턴 조심할게." 이렇게요. 그렇게 하면 친구도 두고두고 화가 나지는 않을 겁니다.

"야, 장난인데 뭘 그렇게 정색하냐? 예능을 다큐로 받고 그래?" 이런 식의 핀잔은 화를 더 돋우는 말입니다. 내 말이 상대방의 기분을 나쁘게 했다면 일단 그 상황을 수습해야 합니다. 사과가 먼저라는 뜻입니다.

여러분은 어떤가요? 편하다는 이유로 거리낌 없이 함부로 말하지는 않나요? 형제자매나 부모님같이 가까운 사이일 때 우리는 더 쉽게 말을 함부로 합니다. 나는 그렇지 않다고 자신하지 마십시오. 앞에서도 얘기했지만 말은 '하는' 사람의 것이 아니라 '듣는' 사람의 것입니다. 이제라도 이 말을 꼭 기억하기 바랍니다.

"가장 가까이에서 나를 좋아하는 사람들 덕분에 오늘 나의 하루가 풍요로워졌다."

상대방을 존중하는 대화법

상대방을 존중하고 배려하는 말하기는 인간관계의 핵심입니다. 다음의 방법들을 활용하여 상대방을 존중하는 태도를 실천해보세요.

1. **말의 영향력 인식하기:** 말하기 전에 한 번 더 생각하세요.

> **연습** 하루 동안 자신이 한 말을 기록하고 그중 상대방에게 부정적인 영향을 줄 수 있는 말을 찾아 대안을 생각해본다.

2. **상대방 입장에서 생각하기:** 상대방의 입장에서 생각하고 그들의 감정과 상황을 고려하여 말하세요.

> **예시** 친구: "이번 프로젝트 결과가 좋지 않네."
> 나: (비난하는 대신) "어떤 부분이 가장 어려웠어? 다음에는 함

께 방법을 찾아보자."

3. **긍정적인 표현 사용하기**: 비난보다 상대방의 장점과 노력을 인정하세요.

> **예시** "넌 왜 이것밖에 못해?"(X)
>
> "이 부분은 잘했어. 다음에는 이렇게 해보면 어떨까?"(O)

4. **즉각적인 사과와 정정**: 실수로 상대방의 기분을 상하게 했다면 즉시 사과하고, 필요시 설명을 덧붙이세요.

> **예시** 나: "넌 참, 별걸 다 하는구나."
>
> **친구:** (표정이 좋지 않음)
>
> 나: "미안해, 비꼬는 것처럼 들렸겠다. 네가 그런 일도 할 수 있다는 게 대단해 보여서 한 말이야."

PART
3

관계에 깊이를 더하는
7가지 대화의 도구

"

대화가
술술 풀리는
질문의 기술

"

할리우드 스타의 인터뷰에서
엄지척을 받는 법

방송을 오래 하면서 재밌는 일이 많았습니다. 특히 기억에 남는 것이 KBS 〈연예가중계〉 MC 시절, 영화 〈드래곤볼 에볼루션〉홍보차 내한한 배우 주윤발과의 인터뷰와 〈킹스맨 2〉의 주연배우 콜린 퍼스, 태런 에저튼, 마크 스트롱과의 인터뷰입니다. 주윤발과 콜린 퍼스 모두 특유의 카리스마를 지닌 배우라 늘 닮고 싶다고 생각해왔기에 제게는 그들과의 만남 자체가 너무나 소중했습니다.

그럼에도 아쉬운 점은 제가 인터뷰어로서의 역할을 충분히 해내지 못했다는 것입니다. 사실 일반 대화보다 훨씬 더 어려운 것이 인터뷰입니다. 국내 배우나 가수, 정치인처럼 유명한 사람을 인터뷰하는 것도 쉽지 않은 일이지만, 할리우드 배우처럼 우리나라에 자주 오지 않는 배우들과의 인터뷰는 정말 어렵습니다. 한정된 시간 안에 인터뷰어와 인터뷰이가 서로 빠르게 마음을 열고 소통해야만 좋은 결과를 거둘 수 있기 때문이죠. 그런 면에서 제게는 두 사람과의 만남이 너무나 아쉽습니다.

할리우드 배우들이 내한하는 건 주로 영화 홍보를 위해서입니다. 그들은 방한 일정 가운데 하루 정도의 시간을 빼서 모든 인터뷰를 몰아서 합니다. 그 하루 동안 대한민국에 존재하는 수많은 언론사와 영화 전문 매체, 방송국의 연예 정보 프로그램까지 다 만나야 하죠.

문제는 소통을 위해 마음을 여는 절대적인 시간이 주어지지 않는다는 뜻입니다. 그래서 각각의 매체에서는 인터뷰를 가장 잘하는 베테랑 기자나 리포터를 보냅니다. 당연히 그들은 최고의 인터뷰를 하기 위해 각자 최선을 다해서 준비합니다. 그 배우의 최신 이슈를 비롯해 온갖 정보를 모으고, 이를 토대로 이번 영화와 연관성이 있으면서 상대방의 마음을 움직이는 가장 좋은 질문이 무엇일지 고민하죠.

그럼에도 시간제한 때문에 원하는 만큼의 답변을 듣지 못하는 경우가 다반사입니다. 주윤발을 인터뷰하러 갔을 때, 제게 주어진 시간은 단 15분이었습니다. 당시 제작진은 주윤발에게 "사랑해요. 연예가중계"라는 〈연예가중계〉의 단골 멘트도 받길 바랐습니다. 당연히 인터뷰에 할애할 수 있는 시간은 더 줄어들었죠.

요즘은 인터뷰 시간을 5분 정도로 잡는 배우도 있다고 하더라고요. 이런 상황에서 인터뷰어는 자기 말을 최대한 줄이고 상대방의 말을 최대한 늘리는 전략을 택하곤 합니다.

저 역시 그랬습니다. '인터뷰 시간이 15분밖에 없는데, 내 말이 뭐가 중요할까? 줄이자. 최대한 줄이자'라고요. 그리고 표정과 리액션으로 배우의 말을 조금이라도 더 끌어내려 노력했습니다.

그런데 저는 상대 배우의 입장을 깊게 고민하진 못했던 것 같습니다. 그에겐 저와의 인터뷰가 특별한 일이 아니었을 겁니다. 이전에 수많은 인터뷰를 했을 테고, 이번 영화를 알리기 위해 이미 세계를 돌아다니며 같은 말을 되풀이했을 가능성이 큽니다. 각 매체의 리포터가 최선을 다해 뽑은 질문들이 배우에게는 신선하게 느껴지기는커녕 피로감만 줬을 가능성이 다분합니다. 거기까지 생각하지 못하고 내가 할 말만 몰입했던 저는 결국 진심이 담긴 답변을 듣지 못했습니다.

그런데 최근에 한 인터뷰어의 모습을 보고 무릎을 쳤습니다. 바로 영화 프로그램의 진행자이자 유튜버인 이승국 씨입니다. 이승국 씨가 만난 배우는 정말 많습니다. 그런데 그 배우들에겐 한 가지 공통점이 있습니다. 한결같이 이승국 씨와의 인터뷰를 행복해한다는 점입니다. 이승국 씨와의 인터뷰를 '최고의 인터뷰'라고 회상하기까지 하죠. 과연 그의 인터뷰는 무엇이 다를까요?

이승국 씨의 인터뷰 중 가장 많이 회자된 것은 드웨인 존슨과의 인터뷰입니다. 영화 〈분노의 질주: 홉스&쇼〉의 개봉 당시 이승국 씨는 하와이에서 드웨인 존슨을 만납니다. 이승국 씨는 드웨인 존슨에게 그가 프로레슬러였던 '더 락' 시절부터 팬이었고, 자신이 그의 어떤 기술을 좋아했는지 줄줄이 언급합니다. 학창 시절 친구들에게 그 기술로 장난을 쳤다는 말도 하죠. 여기까지는 다른 리포터도 했을 법한 이야기입니다. 핵심은 그다음입니다. 이승국 씨의 질문을 그대로 옮기겠습니다.

"어린 시절의 영웅 중 한 명인 당신과 인터뷰할 수 있어서 영광이에요. 제가 이 자리에 있다는 사실이 굉장히 자랑스러워요. 당신도 똑같은 느낌일 것 같아요. 우리는 지금 하와이에 있단 말이죠. 영화의 일부가 하와이에서 촬영됐고, 당신은 어린 시절 하와이에서 산 적도 있어요. 며칠 전에는 하와이에서 열렸던 시위에도 참여하셨죠. 폴리네시아 문화, 더 정확히 사모아 문화는 당신 삶의 큰 일부예요. 그 문화가 영화에도 등장했죠. 그런 면에서 '바로 지금' '바로 여기'에 있는 당신이 얼마나 자랑스러운가요?"

제가 지금까지 본 인터뷰어의 질문 가운데 최고라고 할 만합니다. '배우' 드웨인 존슨뿐만이 아니라 '인간' 드웨인 존슨에 대한 진심 어린 이해가 담긴 질문이기 때문입니다.

드웨인 존슨은 유명한 영화배우인 동시에 한 인간입니다. 개인으로서 그에게는 여러 배경이 있겠죠. 그는 흑인 아버지와 사모아인 어머니의 사이에서 태어난 혼혈로, 어린 시절을 하와이에서 보냈다고 합니다. 사모아인으로서의 자부심과 하와이에 대한 남다른 애정을 간직하고 있고요. 하와이의 마우나케아산 정상에 망원경을 설치하는 것을 반대하는 시위에 참여한 것도 그래서일 겁니다. 이승국 씨의 질문에는 드웨인 존슨이라는 개인에 대한 깊은 이해와 존중이 담겨 있습니다.

이 질문을 받은 드웨인 존슨의 반응은 어땠을까요? 그는 깜짝 놀란 표정으로 이런 질문을 한 이승국 씨에게 감사를 표합니다. 그리고 어떻게 대답할지 정말 신중하게 고민하죠. 지금까지 만난 어떤 인터뷰어도 이런 질문은 하지 않았다는 것이 그의 말과 태도에서 그대로 드러납니다.

물론 드웨인 존슨과 인터뷰하는 사람이라면 누구나 그의 출신이나 최근의 이슈에 관해 조사했을 겁니다. 그러나 일련의 정보들 속에서 드웨인 존슨의 삶을 깊이 있게 이해하고, 이를 영화 홍보를 하는 배우의 입장과 결부시켜 질문한 사람은 이승국 씨뿐이었습니다.

드웨인 존슨은 이런 질문을 받은 것 자체가 감동이었을 것입니다. 그는 질문에 대한 답으로 하와이에 대한 애정과 사모아 문화에 대해 이야기를 이어갑니다. 이 시점에서 아마도 드웨인 존슨은 이승국 씨가 어떤 질문을 하더라도 모두 대답하겠다고 다짐했을 겁니다.

친근감을 형성하고
공감을 끌어내는 질문

영화 〈퓨리오사: 매드맥스 사가〉의 주연배우 인터뷰에서도 이승국 씨의 진가가 드러납니다. 그는 크리스 헴스워스와 안야 테일러 조이를 함께 인터뷰했는데, 영화 속 캐릭터에 관해 안야 테일러 조이에게 다음과 같이 질문합니다.

"안야가 연기한 캐릭터에 대해서 물어보고 싶어요. 이 영화를 본 사람이라면 한 번쯤 퓨리오사의 과거가 궁금할 거 같아요. 그리고 당신의 예술적 재능으로 그 여백을 채울 수 있는 기회를 얻었죠. 하지만 동시에 프리퀄 영화의 특성상 영화의 마지막에 이르면 스토리와 캐릭터가 도달해야 하는, 특정한 도착 지점이 있단 말이죠. 배우로서 창의성과 익숙함 사이의 좋은 균형을 어떻게 찾아냈나요? 퓨리오사라는 인물을 연기하면서 말이죠."

이 질문 역시 드웨인 존슨에게 했던 질문 이상으로 멋진 질문입니다. 배우를 칭찬하는 동시에 배우가 이번 작품에서 느꼈을 어려운 점을 정확히 짚고, 그 부분을 극복하기 위해 어떤 노력을 했는지를 물었습니다. 이 질문을 하는 동안 안야 테일러 조이는 연신 고개를 끄덕이며 "정말 그래요"라고 공감을 표현했습니다.

일반적으로 우리는 상대방으로부터 호감을 얻으려면 칭찬을 해야 한다고 생각합니다. 맞습니다. 그런데 칭찬에는 여러 종류가 있습니다. "대단해요" "멋져요" "굉장하군요" 같은 직접적인 칭찬도 있지만, "어떻게 그렇게 할 수 있었나요?"처럼 질문을 통해 간접적으로 칭찬하는 방법도 있습니다.

사람들은 자신의 노력을 인정받을 때 기쁨을 느끼지만, 그 노력에 대해 자신이 직접 설명할 기회를 얻을 때 더 큰 기쁨을 느낍니다. 이승국 씨는 정확히 이 지점을 포착했죠.

시청자들 역시 이승국 씨의 질문을 듣기 전까지는 배우가 이러한 고민을 하고 있었고, 이를 성공적으로 극복했다는 사실을 잘 몰랐을 겁니다. 저 역시 그의 질문을 듣고 나서야 '아, 대단한 사람이구나. 그래서 깊이 있는 연기가 나올 수 있었군' 하고 생각했죠.

다시 인터뷰로 돌아가보면, 이승국 씨의 질문을 받은 안야 테일러 조이의 첫마디는 이랬습니다.

"당신 질문이 정말 좋네요."

동시에 그녀는 행복한 표정을 짓죠. 저는 이 지점에서 안야 테일러 조이는 물론 크리스 헴스워스가 이승국 씨에게 호감을 느꼈을 거라고 확신합니다. 그래서였을까요? 카메라 밖의 영화 관계자가 인터뷰 시간이 다 됐음을 알리는 바로 그 순간, 크리스 헴스워스와 안야 테일러 조이가 동시에 이승국 씨에게 "quick, quick, quick(빨리, 빨리, 빨리)"을 외치며 남은 질문을 어서 하라고 재촉합니다. 그의 인터뷰에 끝까지 대답하겠다는 뜻이었죠. 수많은 인터뷰를 진행해본 제 눈에도 정말 이례적인 장면이어서 인상이 깊었습니다. 그만큼 이 두 배우는 이승국 씨와의 인터뷰가 즐거웠던 겁니다.

상대방과의 심리적 거리를 좁히는 일은 결코 쉽지 않습니다. 특히 처음 만났거나 만난 지 얼마 안 된 사이라면 더욱더 어렵습니다.

이승국 씨의 인터뷰를 보고 나서 저는 제 인터뷰 방식을 바꿨습니다. 질문에 제 이야기를 섞기도 하고, 인터뷰이의 고민은 무엇일지, 어려웠던 점은 무엇일지를 생각해서 묻기 시작했죠. 무엇보다 상대방을 진심으로 이해하려고 노력했습니다. 상대방의 입장이 돼서 '지금 그의 상황이나 마음은 어떨까?'를 생각했습니다.

그랬더니 상대방의 반응과 공감의 깊이가 놀랍도록 달라졌습니다. 질문을 조금 바꾸었을 뿐인데, 출연자와의 친밀감이 훨씬 더 높아지고, 인터뷰의 질도 더 좋아졌습니다.

수많은 자기계발서에서 질문의 중요성을 말하는 건, 특별한 질문 하나가 기대치 않은 효과를 가져오기 때문입니다. 생각해 봅시다. 오늘 당신은 누구에게 어떤 질문을 했습니까? 그로부터 어떤 대답을 얻었나요? 특별히 기억에 남는 결과를 얻지 못했다면 당신의 질문법을 돌이켜봐야 합니다.

TIP
이렇게
해보세요

대화를 의미 있게 만드는 질문법

상대방의 입장에서 생각하고, 그의 고민이나 어려움을 이해하려는 노력을 담은 질문은 깊이 있는 대화를 이끌어내는 힘이 있습니다. 다음의 예시를 활용해 대화에 깊이를 더하는 질문 기술을 연습해보세요.

1. 개방형 질문 사용하기: '예/아니오'로 끝나는 질문보다 상대방이 자신의 생각과 감정을 표현할 수 있는 질문을 하세요.

> 예시 "주말에 즐거웠나요?"(폐쇄형)
>
> "주말에 뭐 했나요?"(폐쇄형보다 낫지만 지나친 개방형 질문은 때로는 대답하는 사람이 막막할 수 있습니다. 이럴 땐 같은 개방형 질문이라도 질문의 폭을 좁히는 것이 좋습니다.)
>
> "주말에 한 일 중 무엇이 가장 기억에 남으세요?"(개방형)

2. **구체적인 맥락 제공하기**: 일반적인 질문을 피하고, 상대방의 상황이나 경험에 대한 구체적인 이야기를 물어보세요.

> 예시 "일이 잘 돼가나요?"(일반적)
>
> "지난번에 말씀하신 신규 프로젝트는 어느 정도 진행되고 있나요? 고객 피드백 부분에서 어떤 점이 흥미로웠나요?"(구체적)

3. **감정과 의미 탐구하기**: 단순한 사실보다는 상대방의 감정이나 경험의 의미에 초점을 맞추세요.

> 예시 "승진 축하해요. 기분이 좋겠어요."(표면적)
>
> "이번 승진이 당신의 커리어에 어떤 의미가 있나요? 이 변화에 대해 어떤 기대나 걱정이 있나요?"(감정과 의미 탐구)

4. **연결 질문 준비하기**: 상대방의 답변에 기반하여 더 깊이 있는 대화를 이어갈 수 있는 연결 질문을 단계별로 생각해보세요.

> 예시 "해외여행 다녀오셨다고 들었어요. 어디 다녀오셨나요?"(초기 질문)
>
> "여행에서 가장 인상 깊었던 점은 무엇인가요?"(후속 질문)
>
> "그 경험이 당신의 일상에 어떤 영향을 줬나요?"(심화 질문)

관계에 깊이를 더하는 7가지 대화의 도구

"

관계를 더욱
단단하게 만드는
인정 표현

"

"잘했어" 한마디가
윤활유가 될 때

'인정'이라는 말을 들으면 어떤 생각이 드나요? "내가 너 엑셀 실력 하나만큼은 인정한다." 이런 식의 특정 능력에 대한 인정이 떠오르나요? 지금부터는 우리가 흔히 생각하는 인정이 아닌, 인간관계를 더욱 깊고 풍요롭게 만드는 '진정한 인정'에 대해 이야기해보려 합니다.

저는 〈프리한19〉라는 방송 프로그램을 9년째 진행하고 있습니다. 오랜 시간 함께한 제작진과 동료 MC들이 있습니다. 그런데 인정에 관한 글을 쓰면서 문득 깨달았습니다. 과연 나는 그들의 존재를 진정으로 인정하고 있었는가? 그들의 노력과 성장을 제대로 알아주고 있었는가?

"잘했어"라는 말 한마디를 전할 때도 그들의 존재 자체를 고마워하고, 노력을 알아주고, 성장을 축하해주는 마음을 담는 것. 이것이 바로 진정한 '인정'이었던 것입니다. 인정의 의미를 새롭게 깨닫고 나니, 지금까지 놓치고 있던 것들이 보이기 시작했습니다.

HR전문가 이민영 박사님의 말씀처럼 인정은 "존재의 인정이 가장 기본"입니다. 누군가의 존재 자체를 인정하는 것, 그것이 모든 관계의 출발점입니다.

더 나아가 인정은 직위나 나이에 상관없이 상대방의 마음을 여는 열쇠입니다. 사람은 자신을 알아주는 이에게 마음을 엽니다. 당신의 진심 어린 인정 한마디가 상대방의 마음을 활짝 열어 줍니다.

마지막으로 인정은 관계를 지속시키는 윤활유입니다. 특히 오래 알고 지낸 사이일수록 서로에 대한 인정이 그 관계를 더욱 단단하게 만듭니다. 이것들이 바로 인정이 필요한 이유입니다.

진정성 있는 인정이
상대를 변화시킨다

그렇다면 상대방의 마음을 열고 관계를 지속시키는 인정은 구체적으로 어떻게 하는 걸까요?

첫째, 상대방의 존재 가치를 인정하라

우선은 "당신이 여기 있어줘서 참 좋아요"라는 말이 시작입니다. 여기에 더해 관계를 깊게 지속해주는 인정은 그 사람의 고유한 가치를 찾아내 말로 표현하는 것입니다. 예를 들어 "김 과장님, 오늘 회의에서 과장님의 의견을 들을 수 있어 좋았어요. 우리 팀에 과장님이 얼마나 중요한지 새삼 느꼈습니다. 특히 복잡한 문제를 단순화시키는 과장님만의 관점 덕에 새로운 시각을 얻을 수 있었어요"라고 말해보세요.

이렇게 구체적으로 표현하면 상대방은 자신의 존재가 단순히 인지되는 것을 넘어 진정으로 가치 있게 여겨진다고 느끼게 됩니다. 본인도 자각하지 못한 자신의 가치를 새삼 인식하게 되는 거죠. 그 사람만의 독특한 특성, 팀에 기여하는 것들, 거기에 그 사람이 없다면 느껴질 공백까지 언급한다면 그 효과는 더욱 클 겁니다.

"이 프로젝트를 진행하면서 박 대리님의 꼼꼼함과 책임감이 얼마나 중요한지 다시 한번 깨달았어요. 박 대리님이 우리 팀의 일원이라는 사실이 정말 든든합니다."

이런 인정은 단순히 능력을 칭찬하는 것을 넘어, 고유한 가치를 인정하는 것입니다. 이는 상대방의 자존감을 높이고, 소속감을 강화하며, 더 나아가 성장을 견인하는 역할을 합니다. 아마도 이렇게 인정받은 사람은 당신을 두고두고 기억하게 될 겁니다.

둘째, 노력을 인정하라

노력을 인정하는 것은 결과와 상관없이 과정의 가치를 인정하는 것입니다. "이 일을 위해 얼마나 노력했는지 잘 알고 있어요"라는 말이 시작입니다. 그다음 구체적인 노력의 내용과 그 노력이 미친 영향을 함께 언급해보세요. 예컨대 다음과 같이 말입니다.

"이번 프로젝트를 위해 주말까지 반납하며 준비하는 걸 봤어요. 특히 고객 피드백을 꼼꼼히 분석한 부분이 인상 깊었습니다. 200개가 넘는 피드백을 하나하나 검토하고 카테고리별로 정리해줘서 우리가 놓치고 있던 중요한 고객 니즈를 발견할 수 있었죠. 덕분에 우리 제품의 품질이 한 단계 더 향상될 수 있었습니다. 정말 수고했습니다."

이렇게 구체적으로 노력의 내용을 언급하면서, 그 노력이 가시적인 성과와 상관없이 어떤 무형의 가치를 만들었는지 짚어주면 더 효과적입니다. 이는 단순히 '열심히 했다'는 것을 넘어, 그 노력이 실제로 큰 의미가 있었다는 것을 인정하는 것입니다.

"지난 3개월 동안 매주 금요일마다 팀 회의를 준비하느라 고생 많았어요. 특히 각 부서의 의견을 사전에 취합해 가져오는 모습이 인상적이었습니다. 덕분에 회의가 훨씬 더 효율적으로 진행될 수 있었고, 부서 간 소통도 원활해졌어요."

이런 식의 인정은 상대방의 성실성이 가치 있음을 보여주며, 앞으로도 계속해서 노력할 동기를 부여합니다.

셋째, 성장을 인정하라

성장을 인정하는 것은 상대방의 변화와 발전을 세심하게 관찰하고 있었다는 것을 보여줍니다. "예전보다 많이 발전했네요. 대단해요!"라는 말로 그치지 말고, 구체적으로 어떤 부분이 어떻게 성장했는지 그리고 그 성장이 어떤 의미를 가지는지 표현해 보세요. 예컨대 이런 식은 어떨까요?

"6개월 전과 비교해보면 발표 자료의 구성력이 탁월해졌어요. 특히 복잡한 데이터를 시각화하는 능력이 눈에 띄게 향상됐습니다. 청중과의 눈 맞춤도 자연스러워졌고, 질문에 대한 대처 능력도 아주 좋아졌습니다. 특히 예상치 못한 질문에도 당황하지 않고 침착하게 답변하는 모습이 인상적이었어요. 이런 식으로 계속 성장하면, 곧 우리 회사를 대표하는 프레젠터가 될 거예요. 앞으로가 정말 기대됩니다."

이렇게 성장한 세부 영역을 구체적으로 언급하면서 앞으로의 기대감까지 표현하면 상대방에게 더 큰 동기부여가 될 수 있습니다. 또한, 이런 세심한 관찰은 상대방으로 하여금 자신의 노력이 인정받고 있다고 느끼게 합니다.

"지난 1년 동안 고객 응대 스킬이 많이 향상됐어요. 처음에는 불만 고객을 대하는 걸 어려워했는데, 이제는 가장 까다로운 고객도 미소 짓게 만들더군요. 특히 고객의 말을 끝까지 경청하고, 공감하는 태도가 눈에 띄었어요. 이런 성장이 고객만족도 향상에 큰 도움이 되고 있습니다."

이런 구체적인 성장을 인정하는 것은 상대방의 자신감을 크게 높여줍니다. 또한 앞으로도 계속해서 성장하고자 하는 의지를 북돋울 수 있죠.

단순한 칭찬이나 격려는 진정한 인정이 아닙니다. 상대방의 존재, 노력, 성장을 섬세하게 관찰하고 구체적으로 표현하는 것이 진정한 인정입니다. 이는 상대방을 깊이 이해하고 있다는 것을 보여주며, 그 사람의 가치를 소중히 여긴다는 메시지를 은연중에 전달합니다.

다만 주의할 점은 그 안에 진정성이 있어야 한다는 것입니다. 단점보다 장점을 찾고, 그 사람만이 가진 고유한 매력을 발견하려는 노력이 있을 때 진정한 인정을 할 수 있습니다. 그 결과 인간관계 역시 돈독해질 테고요.

오늘부터 주변 사람들에게 이런 구체적인 인정을 표현해보는 건 어떨까요? 작은 변화가 여러분의 인간관계를 크게 변화시킬 수 있습니다.

"

상대를
배려하는 사람이
소통도 잘한다

"

친밀한 관계를 형성하는
3가지 소통법

소통을 잘하는 사람은 자신이 친해지고 싶은 사람과 어렵지 않게 가까워질 수 있습니다. 그뿐만 아니라 늘 상황을 밝고 유쾌하게 만들어 누구와도 쉽게 도움을 주고받을 수 있죠. 다시 말하면 소통을 잘하는 사람은 친밀한 관계를 잘 맺는 능력이 있는 사람입니다.

어떻게 하면 소통을 잘할 수 있을까요? 무작정 대화를 많이 한다고 해서 소통의 달인이 되는 건 아닙니다. 대화를 하면 할수록 피하고 싶은 사람이 있습니다. 꽤 많은 이야기를 나누고 있지만 그다지 즐겁지 않고, 대화 끝엔 피곤함만 남게 하는 사람이 있죠. 바로 여기에 소통의 중요한 원칙이 있습니다. 그 원칙은 '대화할수록 기분 좋은 편한 느낌이 들어야 한다'는 것입니다. 상대방이 '이 사람과는 말이 잘 통하네' 하고 느끼게 해야 하는 것이죠.

대화를 자주 해도 친밀한 관계로 발전하지 않는다면, 다음의 세 가지 방법을 실천해보길 바랍니다.

첫째, 듣는 비율을 높여라

대화는 파도와 같습니다. 밀물이 있으면 썰물이 있죠. 내가 이야기를 한 번 했으면 상대방도 한 번 할 수 있어야 합니다. 소위 '주거니 받거니'가 돼야 합니다. 그런데 '주거니 받거니'에도 주의할 점이 있습니다. 가급적 말하는 비율을 상대방이 7, 내가 3 정도로 유지하는 것입니다. 왜 5대 5가 아니냐고요? 의미 있는 대화를 이어가려면 나보다 상대방에게 스포트라이트를 비춰야 하기 때문입니다. 그래야만 상대방이 대화에 몰입하고 나에게 호감을 느낄 수 있습니다. 밀물과 썰물은 5대 5이지만, 대화에서 상대방과 나의 말하기 비율은 7대 3이라는 걸 기억하세요.

둘째, 민감한 주제는 피하라

대화에서 가급적 피해야 하는 주제가 있습니다. '나이' '종교' '정치' '돈'이 대표적입니다. 물론 이런 주제에 개의치 않은 사람도 있지만, 확률적으로 불편해하는 경우가 더 많습니다. 그렇다면 피하는 게 좋겠죠. 굳이 위험을 감수할 이유는 없습니다.

또 사람마다 민감한 주제가 다를 수 있으니 대화의 촉을 세우는 것이 좋습니다. 상대방이 불편해하는 기색을 보이면 서둘러 화제를 돌려야겠죠.

예전의 저는 상대방이 불편해하는 주제라도 구태여 피하지 않았습니다. 대화는 서로의 생각을 공유하는 것이니, 그런 것까지 신경 쓸 필요가 없다고 생각했죠. 그런데 그건 제 착각이었습니다. 편협한 생각이었죠. 상대방의 감정을 고려하지 않은 대화는 관계마저 그르칠 수 있습니다. 이제는 아주 가까운 친구와도 민감한 주제는 굳이 이야기하지 않습니다.

셋째, 부정적인 이야기는 삼가라

부정적인 이야기는 되도록이면 꺼내지 않는 편이 좋습니다. 감정과 표정은 단짝처럼 움직입니다. 기분이 좋으면 웃음이 나오고, 웃고 있으면 기분이 좋아집니다. 기왕 누군가와 대화를 한다면 좋은 기분으로 웃으며 이야기를 이어가는 것이 좋지 않을까요? 굳이 부정적인 이야기를 꺼내서 상대방의 기분을 망칠 필요는 없습니다.

만약 누군가에게 "우리 학회는 매번 이 호텔에서 열리던데, 이 호텔은 커피는 정말 형편없어요. 안 그래요?"라고 말한다면 상대방은 어떤 느낌이 들까요? 설사 커피를 마시지 않더라도 안 좋은 커피 맛이 떠오르면서 기분이 좋지 않을 것입니다. 이야기를 이어가고 싶은 마음도 사라질 테고요.

새로운 인연을 쌓으려면
관계의 씨앗을 뿌려야 한다

대화는 관계의 씨앗입니다. 처음에는 작고 보잘것없어 보일지 모르지만, 꾸준히 관심을 기울이고 노력을 더하면 어느덧 풍성한 인간관계라는 거목으로 자라날 것입니다.

더 이상 "무슨 말을 해야 할지 모르겠다"며 주저하지 마세요. 작은 용기를 내어 한마디 건네보세요. 그 한마디가 새로운 인연의 문을 열고, 인생을 바꿀 만남을 만들어낼 수도 있습니다.

소통은 단순한 기술이 아닙니다. 진정한 소통은 타인에 대한 관심과 배려 그리고 대화하고자 하는 진정한 마음의 표현입니다. 이런 마음가짐으로 사람을 대한다면, 당신과의 대화는 분명 상대방의 마음에 따뜻한 울림을 줄 것입니다.

자, 이제 망설이지 말고 시도해보세요. 오늘 만난 누군가에게 밝은 미소를 지으며 따뜻한 말을 건네보는 건 어떨까요? 그 작은 시작이 여러분의 삶을 변화시켜줄 것입니다. 대화의 힘, 직접 경험해보세요. 여러분의 삶에 새로운 인연과 기회가 가득하기를 바랍니다.

"

대화의 고수가
되기 위한
메모 활용법

"

"당신의 이야기를
귀 기울여 듣고 있습니다"

아나운서로 첫발을 디뎠을 무렵, 저는 방송국 특유의 용어와 줄임말에 적응하지 못해 꽤 힘들었습니다. 하루는 방송 중에 같은 말을 두 번이나 물어보는 실수를 저지르고 말았습니다. 그리고 그때 깨달았습니다. '아, 메모의 중요성을 간과했구나.' 이 작은 깨달음이 메모를 습관화하게 된 계기가 됐습니다.

메모는 정보 기록 이상의 의미가 있습니다. '나는 당신의 이야기를 주의 깊게 듣고 있습니다'라는 무언의 메시지를 상대방에게 전달합니다. 상대방과의 대화 내용을 메모하는 것은 그 사람에 대한 진정한 관심과 존중을 보여주는 태도입니다. 이를 통해 의미 있는 관계를 만들어갈 수 있습니다.

저는 중요한 미팅 후에 상대방과 나눈 대화 내용을 꼭 메모합니다. 단순히 업무적인 내용뿐만 아니라 그 사람의 가족 관계, 최근 관심사, 평소 좋아하는 것까지 일과 관련 없는 사적인 정보들을 최대한 많이 기록합니다. 이렇게 하면 다음 만남에서 더 깊이 있는 대화를 나눌 수 있고, 상대방도 제가 자신에게 진심으로 관심을 기울인다고 느끼게 됩니다.

예를 들어 동료의 취미나 가족 사항을 메모해두었다가 다음 만남에서 그것을 언급하면 상대방은 크게 감동할 것입니다. "지난번에 자제분이 피아노 콩쿠르에 나갈 예정이라고 하셨는데, 잘되셨나요?" 이런 질문 하나가 관계의 밀도를 높여줍니다.

만일 상사나 중요한 인물과의 미팅 후 그들의 관심사나 성향을 메모해둔다면, 추후 업무에서 보다 쉽게 이야기를 풀어갈 수 있을 겁니다. 이는 단순히 업무적인 이익을 위해서가 아니라, 상대방을 더 잘 이해하고 효과적으로 소통하기 위함입니다.

메모는 인간관계에서도 큰 무기가 됩니다. 친구들의 생일이나 기념일, 동료나 선후배가 좋아하는 것을 기록했다가 넌지시 챙기는 것은 사소하지만 막강한 효과를 가져다줍니다.

마지막으로, 자신의 감정이나 타인과의 상호작용에 대한 메모도 중요합니다. 어떤 상황에서 내가 불편함을 느꼈는지, 어떤 대화가 특히 즐거웠는지 등을 기록하면 감정조절력이 높아지고 자신의 대인관계 패턴을 이해하고 개선하는 데 도움이 됩니다.

메모는 우리의 기억력을 보완하고, 타인에 대한 진심 어린 관심을 표현하는 도구입니다. 기록하는 습관이 없다면 지금부터라도 메모를 시작해보세요. 시작은 그저 한두 단어여도 좋습니다. 그 작은 노력이 관계의 변화를 만들어낼 것입니다.

메모 습관이 지닌
놀라운 힘

메모를 하는 습관은 실제 방송에서도 제게 큰 도움이 됐습니다. 어떤 주제에서 사람들의 눈이 반짝였는지, 어떤 말에 웃음이 터졌는지 기록해둠으로써 다음 방송에서 더 나은 내용을 준비할 수 있었죠. 이런 노력들이 쌓여 지금의 제가 됐다고 해도 과언이 아닙니다.

《거인의 노트》와 《파서블》의 저자인 기록학자 김익한 교수님은 "매일 메모를 하고 그것을 일주일에 한 번, 한 달에 한 번씩 정리하는 것이 나의 잠재력을 향상시킨다"라고 말했습니다. 김익한 교수님의 말처럼, 단순한 기록을 넘어 쌓인 메모를 주기적으로 정리하는 것이 매우 중요합니다. 이를 통해 단편적인 기억들이 의미 있는 경험으로 전환됩니다. 저는 일주일에 한 번씩 그 주의 메모를 정리하며 그 안에서 내가 배울 것들, 성장의 발판으로 삼을 만한 것들을 다시 확인합니다.

메모의 힘을 과소평가하지 마세요. 메모 습관이 아직 몸에 익숙하지 않다면 무언가를 기록하는 작업 자체가 꽤나 번거로울 겁니다. 당장 해야 할 일도 많은데 이런 걸 적어서 무얼하나 싶기도 할 테고요. 하지만 저는 확신합니다. 이 작은 습관이 여러분의 대화 실력은 물론이고 커리어와 인간관계를 한 단계 높여준다는 것을요.

TIP
이렇게
해보세요

효율적으로 메모하는 3가지 방법

메모라는 작은 습관이 큰 차이를 만듭니다. 메모를 시작하는 데 도움이 될 몇 가지 노하우를 공유합니다.

1. **간결하게 쓰기**: 모든 것을 기록할 필요는 없습니다. 핵심 단어나 문구만 적어도 충분합니다.

2. **자신만의 약자와 기호 만들기**: 빠르게 기록하기 위해 자주 쓰는 단어는 약자로, 중요한 내용은 별표나 동그라미 등으로 표시하세요.

3. **감정과 생각 기록하기**: 단순한 사실뿐만 아니라, 그 순간의 느낌이나 떠오른 생각도 함께 적어두면 꽤 좋은 성장의 도구가 됩니다.

"

기분 좋은
대화로 이끄는
칭찬의 힘

"

칭찬은 어색한 대화도
술술 풀리게 한다

"오, 만날 때마다 기분 좋은 한석준 씨! 잘 지냈어요?"

인지심리학자인 김경일 교수님은 저를 만날 때면 늘 이렇게 인사합니다. 이제는 형 동생으로 지낼 만큼 가까운 사이가 됐지만, 벌써 몇 년째 이 인사를 받고 있습니다. 그때마다 저는 쑥스러우면서도 기분이 참 좋습니다.

그런데 가만히 생각해보면 김경일 교수님이 건넨 간단한 인사에는 깊은 의미가 있습니다. 이 인사는 단순히 안부를 묻는 것을 넘어 '당신은 항상 내게 환영받는 존재입니다'라는 특별한 메시지를 담고 있습니다. '만날 때마다 기분 좋은'이라는 표현에는 만남 자체를 소중히 여기는 김경일 교수님의 진심 어린 마음이 전달됩니다. 그 따뜻한 마음에 저는 그분과 만날 약속을 잡는 순간부터 설레기 시작합니다. 그분과 이미 끈끈한 유대감이 형성되어 있기 때문입니다.

비슷한 예로 강원국 작가님을 들 수 있습니다. 대통령 비서실 연설비서관을 지낸 강원국 작가님은 말과 글의 힘을 잘 이해하고 이를 적재적소에 잘 활용할 줄 아는 분입니다. 그분의 저서인 《대통령의 글쓰기》는 말을 다루는 일을 하는 제게 큰 영향을 주었고, 그래서 꼭 한 번 직접 뵙고 싶었습니다.

그러다 마침 제가 진행하는 라디오 프로그램에 강원국 작가님을 한 달간 모시게 됐습니다. 마지막 방송이 끝난 후 작가님께서 제게 이런 말씀을 해주셨습니다. "한석준 씨가 편안하게 이끌어주니까 말을 하는 게 참 편했어요. 방송하는 시간이 정말 재밌더라고."

이 말을 들은 순간 저는 새삼스럽게 깨달았습니다. 사람의 장점을 찾아 구체적으로 칭찬해주는 것, 이것이 호감 가는 사람들의 비밀이라는 것을요. 강원국 작가님은 단순히 제 진행 실력을 인정해준 것이 아니라, 제가 만든 편안한 분위기와 그로 인해 본인이 느낀 즐거움을 구체적으로 언급해주셨습니다. 이것이 상대방의 노력과 그 결과를 세심하게 관찰하고 인정하는 진정한 칭찬입니다.

칭찬 효과를 극대화하는
3가지 원칙

김경일 교수님과 강원국 작가님의 사례를 통해 효과적인 칭찬의 세 가지 원칙을 배울 수 있습니다.

첫째, 구체적으로 관찰하여 칭찬하라

상대방을 주의 깊게 관찰하여 칭찬할 만한 장점이나 행동을 찾아야 합니다. 김경일 교수님은 저와의 만남 자체에서 오는 특유의 유쾌함을 긍정적으로 해석하셨고(저는 오히려 그 유쾌함이 김경일 교수님 고유의 긍정성에서 기인한 거라 생각합니다), 강원국 작가님은 제가 만든 편안한 분위기를 저만의 장점으로 알아차리셨습니다.

둘째, 적절한 타이밍에 칭찬하라

칭찬은 적절한 타이밍에 건네야 합니다. 김경일 교수님은 만날 때마다, 강원국 작가님은 모든 방송이 끝난 후 칭찬을 해주셨습니다. 이처럼 상대방이 가장 기억에 남을 순간을 놓치지 않는 것이 중요합니다.

셋째, 진정성 있게 칭찬하라

무엇보다 중요한 것은 칭찬에 진심을 담는 것입니다. 진심이 담긴 칭찬은 말뿐이 아니라 표정과 눈빛에서도 드러나게 마련이고, 그래야만 내 마음이 올곧이 전달됩니다. 진정성 없는 칭찬은 가식처럼 느껴져서 오히려 역효과를 부를 수 있기 때문에 자칫 안 하느니만 못한 결과를 가져올 수 있습니다.

상대방을 잘 관찰한 다음, 적절한 순간에, 진심을 담아 내가 발견한 그의 좋은 점을 전하는 것. 이러한 칭찬은 두 가지 놀라운 효과를 만들어냅니다. 첫째, 칭찬받는 사람을 행복하게 합니다. 둘째, 칭찬하는 사람 자신도 행복해집니다.

결국 만나면 기분 좋은 사람의 비밀은 '진심 어린 칭찬'에 있습니다. 그것은 단순히 좋은 말을 나열하는 것이 아닙니다. 상대방의 존재를 인정하고, 그들의 노력과 성과를 구체적으로 언급하며, 그 사람만의 고유한 가치를 발견해 말로 정확히 전하는 것입니다.

김경일 교수님의 "만날 때마다 기분 좋은 한석준 씨"라는 말과 강원국 작가님의 "한석준 씨가 편안하게 이끌어주니까 말하기 참 편했어요"라는 말은 상대방의 가치를 깊이 이해하고 있다는 메시지이기도 합니다. 사람이라면 누구나 이렇게 자신의 가치를 인정해주는 사람과 계속 관계를 이어가고 싶게 마련이고요.

이제 당신의 차례입니다. 오늘부터 주변 사람들을 새로운 눈으로 바라보세요. 그들의 작은 노력, 숨겨진 재능, 특별한 개성을 발견해보세요. 그리고 그것을 진심을 담아 표현해보세요. "당신이 있어 우리 팀이 더 밝아져요" "어려운 상황에서도 침착하게 대처하는 모습이 정말 대단해요" "당신의 섬세한 관찰력 덕분에 우리가 놓친 부분을 알아챌 수 있었어요" 등등.

이런 작은 말 한마디가 우리의 인간관계를 얼마나 다채롭게 만들지 상상해보세요. 당신의 한마디가 누군가의 하루를, 아니 인생을 바꿀 수도 있습니다. 그리고 그 과정에서 당신도 어느새 만나면 기분 좋은 사람, 언제나 함께하고 싶은 사람으로 여겨질 것입니다.

"

힘들어하는 사람에게
진심 어린 조언을
건네는 법

"

섣부른 조언은
독이 될 수 있다

　나이를 먹고 경험이 쌓일수록 누군가에게 조언할 일이 많아집니다. 주로 자신보다 어린 사람에게 조언을 하게 되죠. 내가 겪은 시행착오를 상대방이 되풀이하지 않았으면 하는 마음에 도움이 될 만한 말을 한마디라도 더 얹게 됩니다. 하지만 실수나 실패를 겪은 사람에게 함부로 조언하는 것은 금물입니다.

　곁에서 오랫동안 지켜보아온 사람이라면 그의 실수나 실패의 원인이 내 눈에 명확하게 보일 겁니다. 그 사람을 많이 아끼고 있기에 더 도움을 주고 싶겠죠. 다음번 도전에서는 반드시 성공하길 바라면서요.

　하지만 이때 반드시 생각해보아야 할 것이 있습니다. 내 조언이 의도치 않게 더 큰 상처를 줄 수 있다는 것입니다. 그렇게 되면 이번에는 당신이 그 사람에게 실수를 저지르는 셈입니다.

당연한 이야기지만 실패를 겪게 되면 마음이 우울합니다. 실패하기 직전까지 성공한 자신의 모습을 떠올리며 사력을 다했을 것입니다. 가만히 서 있다 넘어져도 아픈데, 있는 힘껏 내달리다가 넘어졌으니 얼마나 고통스럽겠습니까? 그런 상황에서 누군가 가깝다는 이유로 무엇이 잘못됐고 앞으로 어떻게 해야 할지 조언을 한다면 과연 수긍할 수 있을까요? 오히려 더욱 위축되고 우울감에 휩싸일 것입니다. 어쩌면 조언해준 상대방에게 반발심을 느끼게 될지도 모릅니다.

예전의 저는 이런 부분을 깊게 고려하지 못했습니다. 상대방의 실수나 잘못을 곧장 바로잡아줘야 한다고 여겼죠. 정확하게 진단하고 지적해주는 것이 진정한 친구나 선배의 역할이라고 여겼습니다. 그래서 아나운서 동료나 후배들에게 정확하고 날카롭게 조언했죠.

이런 태도는 제가 일적으로 어느 정도 성공하면서 더 강화됐습니다. 제 방식이 옳다는 강한 확신과 상대방을 위하는 마음이 있었기에 조언을 서슴지 않았죠. 좋은 조언을 하루라도 빨리 받아들이고 실천해야 발전한다고 생각했으니까요.

그런데 이 생각은 친구가 제게 한 조언을 계기로 단번에 바뀌었습니다. 친구는 제게 "후배들이 너의 조언에 불만을 느끼는데, 말을 조심하는 게 어때?"라고 말했습니다. 그 조언을 들은 저는 내심 기분이 나빴습니다. 한편으론 제 마음을 몰라준 후배들에게 섭섭했고요. 지금 돌이켜보면 참 이율배반적인 모습이었습니다. 나는 아무렇지도 않게 조언하면서 친구가 나를 위해 해준 조언엔 언짢아하던 모습이 부끄러웠죠. 덕분에 저는 아무리 옳은 이야기라 하더라도 상대방이 원하지 않으면 그저 감정만 상하게 한다는 걸 깨달았습니다.

이후 저는 주변 사람들에게 함부로 조언하지 않습니다. 대신 이렇게 농담합니다. "내 귀한 경험을 왜 그렇게 쉽게 나눠줘?" 말은 이렇게 했지만, 아무리 진심을 담은 조언이라도 상대방에게 도움이 되지 않을 수 있다는 걸 알기에 자제하는 것입니다. 극단적으로 표현한다면 아무리 필요한 조언이라도 상대방의 아픈 마음을 후벼파는 행위가 될 수 있다는 것을 알았으니까요.

지금 필요한 건
조언일까, 응원일까

제 가까운 지인이 사업상의 어려운 일을 당했을 때의 이야기입니다. 그는 자신의 일에 무척 열정적인 사람이었습니다. 하지만 세상일이 다 그렇듯, 열심히 한다고 해서 반드시 성공하는 것은 아니었습니다.

그가 실패한 데에는 여러 요인이 있었겠지만, 이야기를 들어보니 특히 마케팅 전략이 잘못됐다는 것을 알 수 있었습니다. 특히 연예인과 인플루언서를 활용한 홍보가 너무 비효율적이었죠. 하지만 저는 입을 다물었습니다.

예전의 저였다면 곧바로 조언했을 것입니다. 그것도 아주 직설적으로 했겠죠. "대표님의 전략 중에 연예인과 인플루언서 관련 마케팅 전략이 아주 잘못됐네요"라고요. 하지만 이런 말에 "아, 당신 말이 맞네요. 고맙습니다" 하고 수긍하는 사람이 과연 얼마나 될까요?

만일 제가 그때 그를 붙잡고 바로 제 의견을 전했다면 어땠을까요? 제가 말한 대로 마케팅 전략을 새롭게 세우고 다시 사업을 일으킬 수 있었을까요? 아마 그러지 못했을 것입니다. 곧바로 조언을 받아들이고 실행에 옮기는 사람이 있다면, 정말 대단한 사람입니다.

대부분 이런 상황에 부닥치면 누구의 어떠한 말도 귀에 들어오지 않습니다. 누군가 조언하면 오히려 비난하는 말로 받아들이기 십상입니다. 아무리 맞는 말이라고 해도, 당사자가 그렇게 받아들이지 않으면 소용이 없습니다.

그런데 상당한 시간이 흐른 후에 그분이 제게 묻더군요. 혹시 자신의 마케팅에 조언해줄 점이 있느냐고요. 그제야 저는 일전에 해주고 싶었던 이야기를 풀어놓았습니다. 조언은 바로 이때 해줘야 합니다. 다친 마음을 어느 정도 회복하고 개선의 의지가 생겼을 때 말이죠. 다시 말하면 상대방이 누군가의 조언을 들을 마음의 준비가 된 상황에 하라는 뜻입니다.

사실 실패로 힘들어하는 사람에게 필요한 것은 '조언'이 아닌 '응원'입니다. 힘들 때 곁에 있어주는 사람, 맥주나 커피 한잔을 나눌 수 있는 사람, 밥을 함께 먹어줄 사람, 안부를 챙겨줄 사람, 사소한 대화를 나눌 사람이 필요하죠. 조언은 그가 마음을 추스린 후에, 들을 준비가 됐을 때 해도 늦지 않습니다.

TIP
이렇게
해보세요

지지와 공감을 표현하는 대화법

실패를 경험한 사람에게는 조언보다 지지와 공감이 더 중요합니다. 다음의 방법들을 활용하여 공감과 지지를 표현하는 방법을 연습해보세요.

1. **조언 대신 경청하기**: 상대방의 이야기를 어떠한 판단도 하지 말고 끝까지 들어주세요.

   예시 • "지금의 상황이 정말 힘들겠다. 네 이야기를 들려줘서 고마워."
   • "네가 겪은 일에 대해 더 자세히 들려줄 수 있을까? 난 네 말을 듣고 싶어."

2. **공감 표현하기**: 상대방의 감정을 인정하고 이해한다는 것을 표현하세요.

예시
- "그런 상황에서 그렇게 느꼈다니, 정말 힘들었겠다. 네 기분이 이해가 돼."
- "그런 경험을 했다니 정말 속상했겠어. 나라도 똑같이 느꼈을 거야."

3. **함께 있어주기**: 물리적, 정서적으로 함께 있어주며 지지를 보내세요.

예시 "오늘 저녁에 시간 있니? 함께 영화라도 보면 좋겠어. 네가 좋아하는 걸로 골라봐."

"

대화에
깊이를 더하는
시선 처리

"

입보다 눈으로
먼저 말하라

"상대방의 눈을 보고 대화하는 게 어색한데, 시선 처리는 어떻게 해야 하나요?"

생각보다 많은 사람이 상대방의 눈을 바라보며 대화하는 걸 어려워합니다. 심지어 내 말에 집중하고 있는 타인의 시선을 부담스러워하기까지 합니다. 대화하는 동안 반드시 상대방의 눈을 바라봐야 할까요? 다른 방법은 없을까요? 이번에는 시선 처리 방법에 대해 살펴보겠습니다.

인간관계에서 대화의 역할은 참 많습니다만, 그중에 중요한 부분이 서로의 생각과 감정을 공유하고 신뢰를 쌓는 것입니다. 그 방법으로 말을 어떻게 하느냐가 당연히 중요하지만, 그 이상으로 비언어적 소통도 무척 중요합니다. 비언어적 소통은 관계의 깊이에 영향을 미칩니다. 특히 시선 처리는 감정 공유와 신뢰 형성에 결정적인 도구입니다. 적절한 시선 처리는 언어 이상의 메시지를 전달하며, 대화의 깊이를 더합니다. 상대방의 눈을 바라보는 것만으로도 심리적 안정감과 신뢰감이 생겨난다는 심리학적 근거도 있고요.

제가 운영하는 커뮤니티 수업에서 경험한 사례를 들어보겠습니다. 이 수업은 스피치 역량을 키우고 성장을 응원하고자 일주일에 한 번 10주간 진행되는 소규모 강의입니다. 저는 이 수업 참석자들이 서로 가까워질 수 있도록 첫 시간에 특별한 활동을 진행합니다. 두 명씩 서로 마주 보고 앉아 말없이 시선을 교환하는 겁니다.

이 간단한 활동의 효과는 놀랍습니다. 처음에는 눈을 마주치는 것만으로도 어색해서 어쩔 줄 모르던 수강생들이 어느덧 서로에게 마음을 열고, 미소를 짓습니다. 이후부터는 서로의 발표를 응원하며 진지하게 듣는 것은 물론, 자발적으로 모임을 갖기도 합니다. 결과적으로 수업 과정의 완주율을 높이고, 개개인의 말하기 실력도 끌어올리는 일석이조의 효과가 있습니다. 그저 시선 교환만 했는데도 말이죠.

대화할 때 눈 맞춤이
부담스럽다면

당연한 말이지만 시선 처리의 기본은 상대방의 눈을 정확히 바라보는 것입니다. 친구와 단둘이 카페에서 대화하는 상황을 떠올려보세요. 친구가 이야기할 때 눈을 마주치며 시선을 떼지 않는다면 친구는 당신이 자신에게 집중하고 있고, 자신의 말을 잘 들어주고 있다고 느낍니다. 실제 눈 맞춤의 효과에 관한 여러 연구에서 대화 시 눈을 바라보는 것이 신뢰를 구축하고 긍정적인 관계를 형성하는 데 큰 도움이 된다고 밝혀졌습니다.

하지만 눈을 보고 이야기하는 것을 부담스럽게 느끼는 사람이 꽤 많습니다. 그럴 경우 대안이 있습니다. 눈 대신 인중을 보는 겁니다. 인중을 바라보면 상대방은 마찬가지로 눈을 마주하는 것 같은 느낌을 받지만, 보는 사람은 부담을 덜 느낄 수 있습니다.

자신의 모습을 사진이나 영상으로 찍어서 테스트를 해본다면 이를 확실히 알 수 있습니다. 스마트폰 카메라 렌즈보다 2~3센티미터 정도 아래(대략 눈에서 인중까지의 거리)를 바라보고 영상을 찍고, 그다음엔 스마트폰 카메라 렌즈보다 2~3센티미터 정도 위를 바라보고 영상을 찍어보세요 이 두 영상을 재생시켜서 비교해보면 아래를 바라본 영상은 카메라를 자연스럽게 바라보는 것 같지만, 위를 바라보고 찍은 영상은 카메라가 아닌 다른 곳을 바라보는 것처럼 느껴집니다. 그러니 눈을 바라보고 말하는 것이 부담스러울 때는 상대방의 눈 아래인 인중을 바라보면 됩니다.

이렇듯 대화할 때는 상대방의 눈을 바라보는 것이 중요하지만, 상황에 따라서는 유연하게 대처할 필요도 있습니다. 우리나라 문화의 경우, 계속해서 상대방의 눈을 바라보는 것을 예의에 어긋나거나 공격적인 메시지를 담고 있다고 여기기도 합니다. 또한 사람에 따라서 누가 자신을 바라보는 것을 불편해하는 경우도 있습니다.

이럴 때는 대화를 나누면서 잠깐씩 시선을 다른 곳으로 옮기는 것도 좋습니다. 5~10초마다 한 번씩 다른 곳을 보는 거죠. 그렇다고 완전히 시선을 돌리라는 건 아닙니다. 상대방의 목 언저리를 한 번쯤 봤다가 다시 눈을 보는 정도가 적당합니다.

만약 메모하고 있었다면 메모장으로 시선을 한 번 돌리는 것도 좋습니다. 여러 번 강조했듯이 대화에서 중요한 것은 상대방에 대한 배려입니다. 메모장을 활용하면 시선을 마주하는 것이 익숙하지 않은 분 역시 마음이 한결 편할 것입니다.

시선 처리 능력은 연습을 통해 향상시킬 수 있습니다. 처음에는 어색하고 불편할 수 있지만, 조금만 노력을 기울인다면 자연스러운 눈 맞춤이 가능해질 겁니다. 이런 기술을 습득하면 소통 능력을 키울 수 있습니다.

시선은 진심을 전달하는 강력한 도구입니다. 적절한 시선 처리를 통해 더 깊고 의미 있는 대화를 나눌 수 있습니다. 여러분의 눈빛이 상대방의 마음에 닿아, 진정한 소통을 하게 되기를 바랍니다.

내향인을 위한 효과적인 시선 처리법

눈 맞춤이 어려운 내향인을 위한 효과적인 시선 처리 방법을 소개합니다. 다음의 방법들을 활용하여 편안하면서도 효과적인 시선 처리를 연습해보세요.

1. **인중 바라보기**: 상대방의 눈 대신 인중을 바라보세요.

> **연습** • 거울을 보며 자신의 인중을 바라본다.
> • 친구와 대화할 때 그의 인중을 바라본다.

2. **주기적으로 시선 옮기기**: 5~10초마다 시선을 살짝 다른 곳으로 옮기세요.

> **연습** • 상대방의 눈, 인중, 목 주변을 번갈아 바라본다.
> • 타이머를 설정하고 일정 간격으로 시선을 옮긴다.

3. 메모 활용하기: 대화 중 간단한 메모를 하며 자연스럽게 시선을 분산시키세요.

> **예시** 💬 "중요한 내용이라 메모를 좀 하겠습니다. 계속 말씀해주세요."

비대면 시대
슬기로운 의사소통

"

비대면 시대,
오해 없이
소통하는 법

"

기술 발전으로 인한
소통 방식의 변화

우리의 소통 방식은 디지털 기술의 발전과 함께 극적으로 변화해왔습니다. 약 100년 전에 편지가 혁신적인 통신 수단이었다면, 오늘날 우리는 실시간으로 전 세계 어디든 메시지를 보낼 수 있죠. 이러한 변화는 우리의 일상은 물론 인간관계에도 깊은 영향을 미칩니다.

제 어린 시절인 1970~1980년대만 해도 국제우편은 최첨단 기술이었습니다. 'VIA AIR MAIL'이라는 표시 하나로 일주일 만에 지구 반대편으로 편지를 보낼 수 있다는 것은 놀라운 일이었죠. 하지만 지금은 펜으로 직접 적거나 우체국에 갈 필요가 없습니다. 메신저 앱 하나면 곧바로 전 세계와 소통할 수 있게 됐으니까요. 기술의 발전은 하이텔, 천리안과 같은 초기 온라인 서비스를 거쳐 오늘날의 인스턴트 메시지 시스템을 탄생시켰습니다.

하지만 이 과정에서 우리에겐 새로운 규범이 필요해졌습니다. 일례로 스마트폰이 처음 보급되기 시작했을 때, 많은 회사에서 직원들의 스마트폰 사용을 제한했습니다. 근무 시간에 메시지를 주고받거나 소셜 미디어를 사용하는 것이 업무를 방해한다고 여겨졌기 때문입니다. 그러나 곧 스마트폰이 업무에도 도움이 될 수 있다는 인식이 확산됐습니다. 긴급한 이메일에 빠르게 대응하거나 출장 중에도 화상 회의에 참여할 수 있으니까요.

현재는 스마트폰이 업무에 적극적으로 활용되고 있으며, 업무 생산성을 높이는 데 기여하고 있습니다. 이는 기술 발전에 따른 소통 방식의 변화를 단적으로 보여줍니다. 이로써 비대면 소통 방식은 우리 생활 속에 자리 잡게 됐습니다.

비대면 소통의 한계를
인지하기

하지만 얼굴을 마주보지 않는 비대면 소통의 경우 다음과 같은 한계가 있으므로 더욱 세심한 배려가 필요합니다.

첫째, 비대면 소통에는 비언어적 표현이 없다

대면 소통에서는 말뿐 아니라 표정, 몸짓, 어조 등이 중요한 도구였지만, 텍스트 기반의 비대면 소통, 즉 DM이나 문자메시지를 통한 소통에서는 이런 요소들이 없습니다. 그 결과 불필요한 오해가 많아졌습니다.

예를 들어, "알겠습니다"라는 간단한 말도 상황과 맥락에 따라 전혀 다른 의미로 해석할 수 있습니다. 표정과 몸짓에 따라 기꺼이 따르겠다는 긍정적인 표현이 되기도 하고, 싫지만 어쩔 수 없이 받아들이겠다는 불만 가득한 표현이 되기도 하죠. 이런 차이는 대면 소통에서는 곧바로 파악할 수 있지만, 비대면 소통에서는 불가능합니다. 예를 들어보겠습니다.

A는 일하는 과정에서 거래처에 작은 실수를 했습니다. 사과를 해야겠다고 판단한 A는 거래처의 담당자를 직접 찾아갔습니다. 이 자리에서 A는 정중한 자세로 담당자를 바라보며 이렇게 말했습니다.

"정말 죄송합니다. 이번 실수는 있을 수 없는 실수였습니다. 이런 일이 생겨서 유감입니다. 귀사에 손해를 끼쳐서 정말 죄송합니다."

그러자 담당자는 다행히 손실이 크지 않았다며 그동안 쌓아온 신뢰도 있으니 이번 실수는 그냥 넘어가겠다고 답했습니다. 만약 사과를 직접 만나서 하지 않고, 카카오톡으로 전한다면 어떨까요?

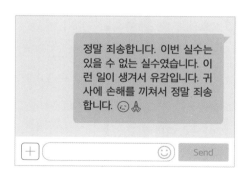

같은 말이지만, 말로 했을 때와 메시지를 보냈을 때의 느낌이 사뭇 다릅니다. 대면 소통에서는 말하는 사람의 표정과 태도가 말의 의미에 더해지지만, 비대면 소통에서는 말하는 사람의 감정 상태가 아니라 듣는 사람의 감정 상태가 말의 의미에 더해집니다. 다시 말하면, 이 메시지를 읽는 담당자의 감정 상태가 좋지 않은 상황이라면 사과의 마음을 담은 이 말도 삐딱하게 받아들여질 수 있다는 것입니다.

예를 들어, 담당자가 마침 상사로부터 이 부분에 관한 문제로 추궁을 들은 상황이라면 오히려 화를 돋울 수도 있습니다.

'장난하나? 이렇게 큰 실수를 저질러놓고, 겨우 메시지 하나 보내면 끝나는 건가? 그 실수를 커버하느라 내가 얼마나 고생하고 있는데…'

평소였다면 넘어갈 수 있는 실수라도 직접 만나 수습하지 않으면 더 큰 문제로 번질 가능성이 커집니다. 이것이 바로 비대면 소통의 맹점입니다.

둘째, 비대면 소통은 즉시 이루어지지 않는다

내가 지금 바로 전해야 할 이야기가 있어서 급하게 카카오톡이나 이메일을 보냈더라도 상대방이 이 메시지를 어느 시점에 확인하는지는 알 수가 없습니다. 상대방이 메시지를 읽었는지 확인할지 어려운 이메일도 문제이지만, 카카오톡이라고 문제가 없는 건 아닙니다. '읽씹'이나 '안읽씹' 같은 새로운 갈등 요소가 있기 때문입니다.

읽었는데 회신이 안 오는 '읽씹'이나 읽지도 않는 '안읽씹'은 사실 개인의 소통 스타일과 업무 방식의 차이에서 비롯되는 경우가 많습니다. 둘 다 메시지를 보낸 입장에선 상당히 불편합니다.

예를 들어, '읽씹'이든 '안읽씹'이든 내 메시지에 반응이 없는 상황에서는 연락한 사람이 여러 오해를 할 수 있습니다. '혹시 내가 뭐 잘못한 게 있을까?' '내 표현이 부족했을까?' '나를 무시하나?' '못 본 척하고 싶은 걸까?' 등 생각이 꼬리를 물고 이어지면서 오해가 생겨 갈등을 빚을 수 있습니다.

그렇다면 이러한 비대면 소통의 한계를 어떻게 극복할 수 있을까요? 메시지를 보내는 쪽이든 받는 쪽이든 가장 중요한 것은

'배려'입니다. 상대방의 상황과 감정을 고려하는 태도, 명확하고 친절한 표현, 적절한 응답 시간 준수 등이 필요합니다. 또한 이모 티콘이나 사진 같은 시각적 요소를 활용하면 감정을 더욱 풍부 하게 전달할 수 있습니다.

이때 '미루어 짐작'하는 태도는 특히 지양해야 합니다. 직접 만 나서 대화를 해도 서로의 뜻을 오해하거나 의중을 잘못 이해하 는 경우가 다반사인데, 비언어적 요소가 전혀 없는 비대면 소통 에서 상대방의 의도를 함부로 예측하는 것은 금물입니다. 특히 내가 표현하지 않은 것을 두고 '알아서 이해해주겠지' 하고 기대 해서는 안 됩니다. 정확히 표현하지 않은 것은 결코 상대방에게 전달되지 않는다는 것을 명심하면서 육하원칙에 맞춰 정확하고 정중하게 소통해야 합니다.

기술이 아무리 발전해도
결국 중요한 것은 상대방을 이해하고
배려하는 마음가짐입니다.

"

콜 포비아도
걱정 없는
전화 예절

"

스마트폰 시대,
적절한 전화 예절

전화 통화 예절은 지난 10년간 급격히 변화했습니다. 과거의 '올바른' 방식이 현재는 적절하지 않은 경우가 많아졌습니다. 제가 초등학교에 다니던 1980년대에는 학교에서 전화 통화 예절을 가르쳤습니다. "안녕하세요, 저는 ○○의 같은 반 친구 한석준인데요, ○○와 통화하고 싶은데 바꿔주세요"라는 식의 정해진 인사법이 있었죠.

하지만 오늘날 이런 인사법은 더 이상 필요하지 않습니다. 개인 휴대전화가 보편화되면서 통화 상대를 찾는 과정이 사라졌기 때문이죠. 요즘은 친구나 가족은 물론이고, 직장에서도 개인 휴대전화를 통해 업무상의 연락을 주고받는 일이 빈번합니다. 하지만 여전히 전화로 소통할 때 지켜야 할 기본 예절이 있습니다. 이는 공적 관계나 사적 관계에서 모두 적용되는 에티켓입니다.

첫째, 상대방의 상황을 배려한다

예전에는 전화를 건 후 "지금 통화 가능하십니까?" 하고 상대방의 현재 상황을 물었습니다. 지금도 여전히 이 방법이 쓰이고 있고, 공적인 관계에서는 존중을 표하는 기능을 합니다. 통화가 어려운 상황이라면 상대방이 전화를 받지 않았겠지만, 연결이 됐다손 치더라도 지금 통화가 가능한지 상대 입장을 묻는 건 기본 예의입니다.

통화 전에 문자메시지를 보내 상대방의 상황을 확인하는 방법도 있습니다. 지금 통화가 가능한지, 통화가 어렵다면 언제 통화가 가능한지 상대방의 상황을 묻는다면 효율적이고 정중한 소통이 가능합니다.

둘째, 통화 시간대를 고려한다

적절한 통화 시간대를 고려하는 것도 중요한 에티켓입니다. 공적인 통화라면 가급적 근무 시간 내에 하는 것이 좋습니다. 사적인 통화도 상대방의 상황, 특히 라이프 스타일을 고려해야 합니다. 일례로 어린 자녀가 있는 사람에게 늦은 밤에 전화하는 것은 큰 실례일 수 있습니다.

공적 관계에서
전화 통화는 이렇게

기본적인 전화 통화 예절을 바탕으로, 공적인 관계와 사적인 관계에서의 전화 통화는 각각 다른 접근 방식이 필요합니다. 먼저, 업무나 공적인 상황에서의 전화 통화에 대해 살펴보겠습니다.

첫째, 용건을 명확히 하라

공적 관계와 전화 통화를 할 때는 용건을 명확히 하는 것이 중요합니다. 통화 시작과 함께 핵심 주제를 언급하여 상대방의 집중을 유도해야 합니다.

상황 1

"안녕하세요, 김 대리님. 요즘 날씨도 좋은데 어떻게 지내십니까? 김 대리님이 좋아하는 방어가 요즘 제철이니 즐거운 시간이 많으시겠습니다."

"안녕하세요, 김 대리님. 지난번 논의했던 구매 발주 건으로 연락드렸습니다."

상황 2가 상황 1보다 업무상 대화로 적절합니다. 상황 2는 '구매 발주'라는 업무 주제를 명확히 해서 상대방에게 전화를 건 목적을 분명히 하고 있습니다. 대면 소통에서는 서로가 서로에게 집중하는 시간이 보장되기 때문에 상황 1처럼 친밀도를 높이는 말로 대화를 시작할 수 있습니다. 하지만 전화 통화와 같은 비대면 소통에서는 전화를 받는 상대방이 현재 어떤 상황인지 파악하기 어려우니 가급적 용건만 말하는 것이 좋습니다. 전화를 받은 상대방이 업무에 쫓기는 상황인지, 중요한 미팅 중에 잠깐 전화를 받은 것인지 알 수 없기 때문입니다.

둘째, 간결하게 말하라

간결한 의사전달도 중요합니다. '언제, 무엇을, 왜'를 넣어 짧고 명확한 문장으로 소통하세요. 긴 내용은 순서에 맞게 나누어 전달하는 것이 효과적입니다. 그래야 상대방이 빠르게 이해할 수 있습니다. 다음 두 상황을 비교해볼까요?

"이번 할인 프로모션 기간이 좀 길긴 한데요. 일단 이번 주에 시작해서 다음 달 초에 끝나고요. 신상품 할인과 겹치지 않는 선에서 할인 폭을 조정해야 해서…"

"이번 프로모션은 모레인 이번 주 금요일에 시작해서 3주간 진행되며, 이월 상품 20퍼센트 할인이 핵심입니다."

통화를 한다면 상황 2가 훨씬 더 명확하게 전달될 것입니다. 상대방이 반드시 알아야 할 내용만 간추려서 간결하게 말할 때 의미 전달이 정확해집니다.

셋째, 마무리를 잘하라

통화의 마무리는 통화 내용을 다시 한번 요약해 전달하고, 앞으로의 계획을 확인하는 것이 중요합니다.

"오늘 통화 시간 내주셔서 감사합니다. 다음 주 월요일까지 귀사에서 제시한 금액으로 확정할 수 있을지 말씀드리겠습니다. 김 대리님은 그때 제가 요청한 색으로 제품을 변경하는 것이 가능한지 확인해주시길 바랍니다."

이렇게 통화를 마무리하면, 통화에서 나온 대화를 간결하게 정리할 수 있습니다. 때론 내용이 길어질 수도 있는데, 이럴 땐 통화 후 이메일로 내용을 정리해 공유하겠다고 말하는 것이 좋습니다. "오늘 통화한 내용을 이메일로 정리해서 보내드리겠습니다"라고 통화를 마친 뒤 최대한 빠르게 이메일을 보낸다면, 보다 정확한 업무 파악에 도움이 됩니다.

사적 관계에서
전화 통화는 이렇게

공적 관계에서의 전화 통화가 주로 업무 효율성과 명확한 의사소통에 중점을 둔다면, 사적 관계에서의 전화 통화는 감정적인 교류와 관계 유지에 더 중점을 둡니다. 이제 친구나 가족과의 개인적인 통화에서 신경 써야 할 점들을 살펴보겠습니다.

첫째, 적절한 리액션을 하라

사적인 관계에서는 적극적인 리액션이 필요합니다. 전화 통화를 하는데 아무런 대꾸가 없다면, 상대방이 내 말을 제대로 듣고 있는 건지 의심하게 됩니다. 따라서 전화를 할 때는 대면 소통보다 훨씬 더 자주 명확하게 반응을 보여야 합니다. 예를 들어 "그랬구나" "힘들었겠네" "그래서?" 등의 추임새를 자주 넣는 것이 좋습니다.

둘째, 감정적인 대화에 주의하라

얼굴을 보지 않고 하는 대화에서는 특히 오해가 생기기 쉽습니다. 장난삼아 짓궂은 농담을 해도 표정이나 눈빛으로 '내가 지금 하는 말은 웃자고 하는 농담이야. 그러니 너도 편하게 받아주면 좋겠다'라는 뜻을 전할 수 없습니다. 그러니 무슨 말을 하든 전화기 너머 상대방을 더욱 배려해야 합니다. 특히 감정적인 대화에서는 오해가 생기지 않도록 특히 주의해야 합니다.

만약 내가 친구에게 다른 친구와 있었던 일을 이야기하면서 서운했던 감정을 말하고 있는데, 상대방이 갑자기 내 말을 자르며 "그렇게까지 예민하게 받아들일 일은 아닌데? 네가 너무 확대 해석하는 게 아닐까?"라고 말한다면 기분이 어떨까요? 단번에 감정이 상할 것입니다.

대면 소통 상황에서는 표정과 몸짓으로 어느 정도 상대방의 감정을 배려해가면서 이야기할 수도 있고, 상대방의 반응을 보면서 내 말을 멈추거나 수위를 낮출 수 있겠지만, 전화 통화에서는 이런 조절이 어렵기에 쉽게 상대방의 감정을 상하게 할 수 있습니다. 그래서 감정적인 이야기를 할 때는 훨씬 더 신중할 필요가 있습니다.

전화 통화는 여전히 우리 일상에서 중요한 소통 수단입니다. 음성을 통해 문자나 이메일로는 전달하기 어려운 뉘앙스나 감정을 전달할 수 있고, 즉각적인 피드백이 가능하다는 점에서 그 가치가 있습니다. 적절한 예절을 갖추고 실천한다면 콜 포비아를 겪고 있는 사람도 좀 더 자신감 있게 전화 통화에 임할 수 있을 것입니다.

"

우리가 대화하고 싶은 사람은
그저 말을 잘하는 사람이 아닙니다.
내 말을 잘 들어주고,
적절한 반응을 보여주며
편안하게 공감해주는 사람입니다.

직장인을 위한 전화 예절

스마트폰 시대의 변화된 소통 환경에 맞춰, 다음의 실천 팁과 예시를 활용해 더 효과적이고 예의 바른 통화를 할 수 있습니다.

1. **상대방의 시간 존중하기**: 상대방의 일정을 고려해 통화 가능 여부를 미리 확인하세요.

> **예시** • (통화가 연결된 후) "안녕하세요, 지금 통화 가능하신가요?"
> • (메시지로 사전에 확인) '안녕하세요, 잠시 통화 가능한 시간을 알려주시면 연락드리겠습니다.'

2. **업무 통화 시 용건 먼저 말하기**: 전화를 건 목적을 먼저 말하세요.

> **예시** "안녕하세요, 김 대리님. 오랜만입니다. 날씨도 좋고…"(X)

PART 4

192

"안녕하세요, 김 대리님. 지난번 논의했던 구매 발주 건으로 연락드렸습니다."(O)

3. **간결하게 말하기:** 짧고 명확한 문장으로 의사를 전달하세요.

> `예시` "이번 할인 프로모션 기간이 좀 길긴 한데…"(X)
> "이번 프로모션은 금요일부터 3주간 진행되며, 이월 상품 20 퍼센트 할인이 핵심입니다."(O)

4. **명확한 통화 마무리:** 통화 내용을 요약하고 향후 계획을 확인하세요.

> `예시` "네, 알겠습니다. 수고하세요."(X)
> "오늘 통화 내용을 정리하면, 제가 다음 주 월요일까지 확정 여부를 알려드리고, 김 대리님은 제품 색상 변경이 가능한지 확인해주시면 되겠습니다."(O)

"

프로 일잘러의
남다른
이메일 작성법

"

메일 한 통만 봐도
전문성이 드러난다

    디지털 기술의 발전으로 비대면 소통이 일상화되면서 이메일은 현대 업무 환경에 없어서는 안 될 중요한 도구가 됐습니다. 이메일은 단순한 메시지 전달을 넘어 업무 진행 상황을 기록하고 공유하는 수단입니다. 그러나 이러한 장점에도 불구하고, 많은 사람이 여전히 이메일 작성에 어려움을 느낍니다.

    업종에 따라 이메일의 형태는 다르겠지만, 이메일 작성 능력은 내 전문성과 신뢰도를 드러내는 지표입니다. 제 경우, 프리랜서 아나운서이자 강연자로 활동하면서 여러 조직으로부터 이메일을 받곤 합니다. 기업을 비롯해 수많은 단체와 하루에도 수십 통의 메일을 주고받다 보니 이제는 제안 메일 하나만으로도 상대방의 전문성과 신뢰도를 단번에 파악할 수 있습니다. 그간의 제 경험을 기반으로 언제 누구에게든 좋은 인상과 신뢰를 줄 수 있는 이메일 작성 요령을 살펴보겠습니다.

센스 있는
이메일 작성법

이메일 작성에서 가장 중요한 것은 '전문성'과 '예의'입니다. 이를 위해 다음의 네 가지 핵심 규칙을 기억해야 합니다.

첫째, 제목에 주의하라

제목은 이메일의 얼굴로, 메일을 보낸 이유와 목적을 함축해야 합니다. 그래야 수신자가 발신자의 용건을 한눈에 파악할 수 있을 뿐만 아니라 나중에 검색해서 찾아보기도 용이합니다. 그런 의미에서 '안녕하세요, 한석준입니다'와 같은 문구는 좋은 제목이 아닙니다.

구체적인 내용을 담겠다고 제목 자체를 아주 길게 쓰기도 하는데 이 역시 좋지 않습니다. 스마트폰의 앱을 통해 이메일을 열어 보면 그 이유를 곧바로 알 수 있습니다. 요즘은 이메일을 스마트폰으로 확인하는 사람도 많은데, 스마트폰에서는 제목이 길면 대부분 잘려 보입니다. 그래도 어쩔 수 없이 긴 제목을 써야 한다면, 반드시 앞쪽에 핵심 단어를 넣어서 뒤쪽이 보이지 않더라도 내용을 알 수 있게 해야 합니다.

또한 '긴급' '중요' '필독' 등을 제목에 자주 적는 사람도 있는데, 업무 메일에서 이런 말을 남발하는 것도 좋지 않습니다. 어쩌다 한 번 생기는 긴급하고 중요한 일이라면 몰라도 이런 표현을 매번 쓴다면 보는 사람은 단순한 습관으로 받아들이게 되어 메일의 가치가 떨어집니다. 정말 긴급하고 중요하다면 이메일을 보낸 후에 문자메시지를 보내거나 통화를 하는 편이 더 낫습니다.

제목을 명령조의 말투로 쓰는 것도 피하는 것이 좋습니다. 업무 지시 사항을 강조하기 위한 의도로 썼을 테지만, 이러한 제목은 보는 사람에게 불편한 감정을 유발할 수 있습니다.

둘째, 적절한 인사말을 넣어라

비즈니스 이메일에는 반드시 정중한 인사말을 포함해야 합니다. 이메일의 본문에 '안녕하세요, 홍길동 과장님'과 같이 시작하고, 끝에는 '감사합니다' 또는 '즐거운 하루 보내세요'와 같은 맺음말을 사용하세요.

생각보다 많은 사람이 본론만 적어서 이메일을 보냅니다. 이유를 물어보면, 이런 인사는 대면이나 전화 통화로 다 했으니 이메일에 또 쓸 필요가 있느냐고 반문합니다.

하지만 이메일은 두고두고 다시 보는 상황도 생기기 때문에 더더욱 적절한 예절이 필요합니다. 올바르고 정중한 인사말과 맺음말을 쓰는 걸 잊지 마세요.

셋째, 호칭에 주의하라

업무용 이메일이라면 누구에게 보내든지 간에 호칭 문제가 중요합니다. 상대방의 이름과 직함을 정확히 확인하고 사용하는 것은 매우 중요합니다. 잘못된 호칭 사용은 생각보다 심각한 실수로 여겨지기도 합니다. 상대방의 호칭이 확실하지 않다면, 미리 확인하는 것이 좋습니다.

저는 함께 오랫동안 일한 거래처 담당자가 상무로 승진한 것을 뒤늦게 알아서 난처했던 적이 있습니다. 승진한 걸 미처 모르고 메일 첫머리에 '부장님'이라고 쓴 데다가, 그분의 부하직원들까지 참조가 돼 있었기에 더 난처했습니다. 그래서 저는 직함을 잘못 부른 것에 대해 사과하는 이메일을 보냈습니다. 물론 이런 경우 굳이 사과할 필요가 없다고 생각할 수 있습니다. 승진했다고 여기저기 홍보하는 것도 아니니 외부 사람들은 승진 소식을 잘 모를 수 있으니까요.

그럼에도 제 사과 이메일은 상대방의 기분을 좋게 해줬다고 합니다. 외부인이 우리 회사의 인사 발령 사항에 대해 다 알기 어렵다는 걸 머리로는 이해하지만, 그럼에도 상무로 승진했는데 여전히 부장으로 불리면 서운할 수 있으니, 호칭 문제는 조금 더 신경 쓸 필요가 있습니다.

넷째, 적절한 서명을 넣어라

모든 이메일에는 자신의 이름, 직함, 연락처 정보를 포함한 공식적인 서명을 붙이세요. 특히 스마트폰으로 이메일을 보낼 때 서명을 제대로 설정하지 않으면 '이 이메일은 갤럭시에서 작성됐습니다' 혹은 '이 이메일은 아이폰에서 작성됐습니다'와 같은 문장이 자동으로 생성되기도 합니다. 따라서 업무로 사용하는 이메일 앱에서는 서명 부분을 잘 관리해두는 것이 좋습니다.

서명에는 연락처를 반드시 포함시켜야 합니다. 이메일을 본 상대방이 의문이 있거나 즉시 의견 교환이 필요한 상황이 생겼을 때 바로 연락해야 하기 때문입니다.

위의 이 네 가지 규칙을 신경 쓰면, 더 프로페셔널하고 예의 있는 이메일을 작성할 수 있을 것입니다. 일면 사소해 보이지만 이런 작은 원칙들이 여러분의 전문성과 신뢰도를 높이는 데 큰 도움이 될 것입니다.

  잘 쓴 이메일 하나가 커리어를 바꿀 수 있습니다. 반대로 부주의하게 작성된 이메일이 여러분의 전문성을 의심하게 만들 수 있다는 것도 명심하기 바랍니다. 이메일 작성에 시간과 노력을 투자하는 것은 결코 낭비가 아닙니다. 그것은 여러분의 능력을 인정받고, 더 나은 기회를 얻을 수 있는 중요한 투자입니다.

일 잘하는 사람으로 여겨지는 기본은
'이메일을 어떻게 쓰느냐'에
달려 있습니다.

"

카카오톡으로
소통의 달인 되는 법

"

메신저 창에도
매너가 존재한다

스마트폰 시대에 살아가는 우리에게 카카오톡 같은 디지털 메신저는 음성 대화만큼이나 중요한 소통 수단입니다. 어떤 이들은 말보다 '톡'이 더 편하다고 하고, 또 다른 이들은 메신저 대화가 부담스럽다고 말합니다. 이처럼 다양한 견해가 존재하지만, 한 가지 확실한 것은 메신저 대화가 현대 소통의 핵심 요소라는 점입니다.

메신저 대화의 특징은 얼굴을 직접 마주 보지 않는다는 점에서 전화와 비슷합니다. 그런데 말이 아닌 글로 소통한다는 점에서 전화보다 훨씬 더 제한적입니다. 목소리를 들을 수 없으니 음성을 통해 파악할 수 있는 상대방의 감정 상태를 전혀 짐작할 수 없습니다. 이로 인해 오해가 생기기도 합니다. 예를 들어, '고맙습니다'라는 간단한 말도 상황에 따라 진심 어린 감사로 들릴 수도 있고, 형식적인 인사로 해석될 수도 있습니다. 따라서 메신저 대화에서는 '글투'가 매우 중요합니다.

저는 이번 책을 쓰면서 '톡'으로 이루어지는 대화에 대한 부분을 반드시 이야기하기로 마음먹었습니다. 이제는 비대면 소통 중에서도 메신저가 주요 대화 수단이기 때문입니다. 수단만 다를 뿐 직접 만나서 이야기할 때나 온라인에서 대화할 때나 똑같습니다. 가장 중요한 점은 '경청'과 '배려'입니다. 이 두 가지를 반드시 기억하길 바랍니다. 여기에서는 직장 혹은 학교 등 공적인 상황에서의 메신저 사용 시 주의할 점을 알려드리겠습니다.

첫째, 맞춤법을 지켜라

공적인 대화에서 맞춤법이 틀리면 성의 없어 보일 수 있습니다. 메시지를 보내기 전에 한 번 더 맞춤법을 확인하는 습관을 들이세요. 친구끼리의 대화에서는 맞춤법이 조금 틀려도 상관없습니다. 비속어를 쓰거나 말이 약간 헛나와도 서로 이해해줄 수 있으니까요. 하지만 공적인 상황에서는 그렇지 않습니다.

어떤 사람은 맞춤법이 틀린 메시지를 보는 순간, 상대방이 무례하다고 느낍니다. 맞춤법이 올바른지 확인 한 번 하지 않았다고 판단하고 나에 대한 예의가 없다고 생각하는 거죠. 혹은 '이 정도의 맞춤법도 틀리다니' 하고 상대방의 기본기를 의심하기도 합니다.

둘째, 과도한 줄임말과 신조어 사용에 주의하라

모든 사람이 이해할 수 있는 언어를 사용하세요. 불가피하게 줄임말이나 신조어를 써야 한다면, 반드시 설명을 덧붙여야 합니다.

상황에 따라서 전문 영역에서의 줄임말이나 신조어는 의사소통을 효율적으로 만들기도 합니다. 이때의 기준은 '상대방이 이 말을 이해하고 있느냐'입니다. 이미 알고 있다면 상관없지만, 모를 가능성이 조금이라도 있다면 그 용어에 대해 설명해야 합니다. 이것이 상대방에 대한 배려입니다.

이렇게 한 번 설명한 다음에는 줄임말이나 신조어를 써도 괜찮습니다. 이미 설명했으니, 이해가 안 되면 위의 설명을 다시 찾아볼 수 있을 테니까요.

저는 상대방의 메시지를 읽다가 도저히 이해가 가지 않는 신조어나 줄임말이 나오면 '나와 대화하기 싫구나' 하는 생각이 듭니다. 혹은 일부러 이런 표현을 사용해서 은연중에 나를 무시하는 건가 의심이 들기도 하고요.

셋째, 농담은 삼가라

메신저에서의 농담은 오해를 불러일으킬 수 있습니다. 상대방의 반응을 곧바로 확인하기 어려우므로, 농담은 최소화하는 것이 좋습니다.

농담은 대면 소통에서도 주의해야 하지만, 메신저에서는 더욱 신중해야 합니다. 텍스트만으로는 말투나 표정, 어조를 전달하기 어렵기 때문입니다. 특히 직장 등 공적인 상황에서는 더욱 주의가 필요합니다.

예를 들어, '이번 프로젝트 망했네요ㅋㅋ'라는 메시지를 보냈다고 가정해봅시다. 보낸 사람은 무거운 대화 분위기를 바꿔보겠다고 가벼운 농담을 던진 것일 수 있지만, 받는 사람은 이를 심각하게 받아들일 수 있습니다. 이런 오해는 불필요한 스트레스나 갈등을 유발할 수 있습니다.

만약 농담을 꼭 해야겠다면, 다음과 같은 방법을 사용해보길 바랍니다.

- **이모티콘 사용하기: 웃는 얼굴 이모티콘을 추가하면 메시지의 톤을 좀 더 명확히 전달할 수 있다.**

- 명시적 표현 덧붙이기: '(농담입니다)' 또는 '농담이에요.'라고 덧붙이는 것도 좋은 방법이다.
- 상대방과의 관계 고려하기: 공적 관계에서도 매우 친밀하다면 농담이 통할 수 있지만, 신중해야 한다.
- 타이밍 고려하기: 중요한 업무 논의 중에 갑자기 농담하는 것은 적절하지 않다.

농담은 관계를 부드럽고 친근하게 만드는 좋은 도구입니다. 하지만 메신저에서는 그 의도가 제대로 전달되지 않을 위험이 있습니다. 따라서 상황을 잘 판단하고, 필요하다면 추가적인 설명을 덧붙이는 것이 중요합니다.

다시 한번 강조하지만, 메신저에서의 소통도 상대방에 대한 배려와 존중에서 시작합니다. 농담을 할 때도 이 점을 항상 명심하세요. 그렇게 하면 불필요한 오해를 피하고, 더욱 원활한 소통을 할 수 있을 것입니다.

가는 '톡'이 고와야
오는 '톡'이 곱다

이 외에도 메신저에서 주의해야 할 점이 있는지 알아보기 위해 제 SNS에서 '싫어하는 카톡 유형'을 물어본 적이 있습니다. 그때 나왔던 의견은 다음과 같습니다.

- '○○ 씨'라고 이름을 부른 후 대답할 때까지 용건을 얘기하지 않는 톡
- 띄어쓰기를 하지 않는 톡
- 긴 질문에 단답형으로 할 말만 하는 톡
- 대뜸 자신이 필요한 용건만 보내는 톡
- 'ㅋ'나 'ㅎ' 한 개만 써서 비웃는 느낌이 드는 톡
- 명절마다 여러 명에게 돌리는 형식적인 인사 톡

위의 사례 중 공감이 가는 것이 있나요? 사실 정답은 없습니다. 누군가는 정말 싫어하는 유형의 톡이 또 다른 누군가에게는 아무렇지 않을 수 있습니다. 이렇게 개인에 따라 모두 다 다르게 받아들일 수 있기 때문에 더 조심해서 쓸데없는 오해를 피해야 합니다.

상대방을 배려하고 존중하는 기본 원칙을 지키면서 새로운 소통 방식에 적응해 나간다면, 디지털 시대의 커뮤니케이션 달인이 될 수 있을 것입니다. 시대가 변하고 대화의 수단이 변해도 상대방에 대한 배려와 존중의 마음이 중요하다는 점은 변하지 않다는 것을 잊지 마세요.

"

알아두면 쓸모 있는
단체 카톡방 매너

"

단체 카톡방에서
소통의 효율을 높이는 법

　카카오톡과 같은 메신저 앱의 사용이 일상화되면서, 이를 이용한 공적인 소통도 급증하고 있습니다. 그럴수록 편리함 뒤에 숨어 있는 오해와 갈등의 위험성을 간과해선 안 됩니다. 특히 단체 카톡방에서는 더욱 주의가 필요합니다.

　여기에서는 공적인 단체 카톡방 대화에서 지켜야 할 에티켓을 다루고자 합니다. 사적인 대화와는 달리 공적인 대화에서는 특히 엄격한 규칙이 적용됩니다. 이는 단순히 예의의 문제가 아니라 효율적인 업무 소통을 위해 필수적입니다.

　자, 그러면 편리하지만 그와 동시에 오해의 소지도 많은 이 도구를 어떻게 활용해야 할까요? 공적인 단체 카톡방에서 소통의 효율을 높이는 세 가지 방법을 소개합니다.

첫째, 의미를 한번에 전달하라

여러 번 나눠 보내는 메시지는 읽기도 불편할뿐더러 소통상
의 착오를 불러일으킬 수 있습니다. 하나의 생각은 하나의 메시
지로 전달하세요.

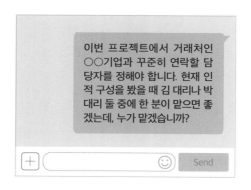

두 문장으로 이루어진 이 지시는 전체가 하나의 뜻을 담고 있
습니다. 우리 팀이 해내야 할 업무 중 하나에 담당자를 정하려는
말이죠. 이런 말은 끊어서 전달하지 말고 하나의 메시지로 한번
에 전송해야 합니다. 그래야 나중에 업무 관련 내용을 검색해서
찾아보기도 좋고, 업무 지시를 이해하기도 쉽습니다. 만일 이 지
시를 다음과 같이 보냈다면 어떨까요?

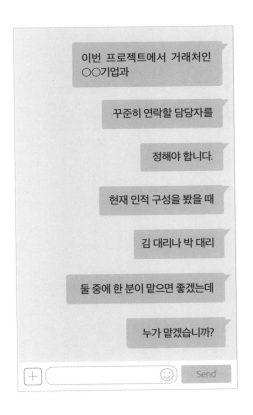

이번 프로젝트에서 거래처인
○○기업과

꾸준히 연락할 담당자를

정해야 합니다.

현재 인적 구성을 봤을 때

김 대리나 박 대리

둘 중에 한 분이 맡으면 좋겠는데

누가 맡겠습니까?

Send

이렇게 보내면 상대방이 읽기에도 불편하고 나중에 다시 검색하기도 불편합니다. 더 큰 문제는 다음과 같은 상황이 벌어지는 경우입니다.

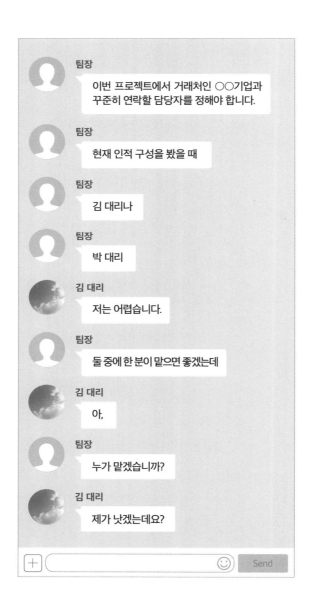

생각보다 많은 회사의 단체 카톡방에서 이런 형태로 대화를 나누고 있습니다. 하지만 이런 식으로 대화하면, 애초에 팀장의 업무 지시가 무엇이었는지, 김 대리가 말하는 "제가 낫겠는데요?"가 무엇을 뜻하는지 불분명해집니다.

팀장도 하려는 말을 한꺼번에 하는 것이 좋고, 김 대리 역시 팀장이 말을 다 마치면 "상황이 이러하니 제가 하겠습니다"라고 명확하게 말하는 것이 좋습니다.

의미가 제대로 전달되지 않는 것도 문제지만, 메시지를 쪼개어 보내는 동안 계속해서 다른 이들의 스마트폰에 알림이 쉬지 않고 울릴 수 있으니 공적인 대화는 항상 하려는 말을 한번에 해야 한다는 점, 기억해주세요.

둘째, 감정 표현을 자제하라

공적인 단체 카톡방에서는 감정 표현을 최소화해야 합니다. '…'와 같은 모호한 표현이나 과도한 이모티콘 사용은 자제하세요. 물론 공적인 대화라 하더라도 일대일 대화라면 감정 표현도 할 수도 있고, 공감의 언어를 쓸 수도 있습니다. 때론 필요하기도 하고요. 하지만 여러 명이 함께 있는 단체 카톡방이라면 감정 표현은 자제하는 편이 좋습니다. 앞서 예로 든 대화를 다시 이야기해보겠습니다.

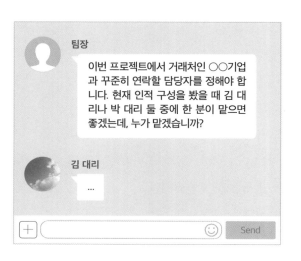

공적인 자리에서 김 대리의 말줄임표는 전혀 의사를 전달할
수 없을 뿐더러 본인의 전문성을 스스로 깎아내립니다. 만약 김
대리가 이미 자신이 맡은 일이 과중하다고 느끼기 때문에 추가
로 업무를 주려는 팀장의 지시가 부담스럽다면 다음과 같이 명
확하게 의사전달을 하는 것이 좋습니다. "현재 저는 진행 중인
프로젝트로 시간이 부족해 어려울 것 같습니다. 다른 방안은 없
을까요?"

공적 단체 카톡방에서
주의해야 할 표현

'ㅋㅋㅋ' 'ㅎㅎㅎ' 같은 웃음 표현은 공적인 단체 카톡방에서는 피하는 것이 좋습니다. 습관적으로 메신저에서 말끝에 'ㅋㅋㅋ'나 'ㅎㅎㅎ'를 붙이는 사람이 있습니다. 심지어 '안녕하세요ㅋ'라고 쓰는 분도 봤습니다. 이유를 물어보니 자신의 말이 미소와 함께 나간다는 것을 강조하기 위해서라고 합니다. 하지만 보는 사람도 그렇게 받아들일까요? 물론 상대방이 미소를 띠며 이야기하고 있다고 여기는 사람도 있겠지만, 가벼워 보이는 어투 때문에 사람 자체를 실없이 여기는 사람도 있습니다.

이 외에도 'ㅇㅋ' 'ㅇㅇ' 'ㅇ' 'ㄱㅅ' 같은 줄임말도 쓰지 않는 것이 좋습니다. 대화에 성의가 없다고 느껴지기 때문이죠. 사실 저는 'ㅇㅇ'을 자주 썼습니다. 가까운 가족이나 친구 사이에 흔히 쓰는 '응'이나 '어'와 같은 말이라고 생각했기 때문입니다. 하지만 이 글을 쓰기 위해 조사하는 과정에서 'ㅇㅇ'을 싫어하는 사람이 의외로 많다는 것을 알게 됐습니다. 제 주변에도 슬쩍 물어보니, 제가 쓴 'ㅇㅇ'이 달갑지 않은데도 아무 말을 하지 않았던 사람들이 꽤 있었고요. 그 후로는 'ㅇㅇ'을 쓰지 않으려고 합니다.

지금까지 여럿이서 메시지를 주고받을 때 주의해야 할 점들을 살펴봤습니다. 이런 내용을 보면서 '아, 카톡 하는 것도 참 어렵구나'라고 생각한 분도 있을 겁니다. 하지만 이런 규칙들을 하나하나 외우려고 애쓸 필요는 없습니다.

역시나 중요한 건 상대방을 배려하는 마음입니다. 메시지를 보내기 전에 '이 말을 받는 사람의 기분은 어떨까?' 하고 잠깐 생각해보는 것, 이것이 바로 좋은 소통의 시작입니다.

"

단체 카톡방에서 여럿이 대화할 때는
내가 할 말을 하나의 메시지로
전달하세요.

"

비대면 시대,
생각보다 강한
대면 소통의 힘

"

바쁘더라도 얼굴 보고
소통해야 할 때

언젠가부터 제게 책 리뷰를 부탁하는 분이 많아졌습니다. 여러 출판사에서 이번에 새로운 책이 나온다며 읽어봐달라고 요청하기도 하고, 서평이나 추천사를 의뢰하기도 합니다.

한번은 서평 관련 일로 메일을 주고받던 한 출판사의 담당자와 통화할 일이 있었습니다. 이메일만으로는 파악하기 힘든 부분이 있어서 정확한 내용을 확인하고 싶었죠. 그런데 여러 번 통화를 시도해도 도무지 연락이 닿질 않았습니다. 그런데 얼마 지나지 않아 그분께 이메일 한 통을 받았습니다. 그때 저는 깨달았죠. '아, 이분은 나와 통화하는 게 불편하구나.'

SNS나 모바일 메신저가 일상화된 후로 이렇듯 대면 소통이나 전화 통화에 거부감을 느끼는 사람이 점점 늘고 있습니다. 지난 2023년 한 포털 사이트에서 MZ세대 1,496명을 대상으로 조사했는데, 이 중 35.6퍼센트가 콜 포비아 증상을 겪고 있다고 답했다고 합니다. 실제로 대학생인 지인에게 "배달앱이 안 되면 전화로라도 음식을 주문하겠느냐?"라고 물었더니 "차라리 굶겠다"라는 답변이 돌아왔습니다. 그만큼 전화 통화에 대한 두려움이 크다는 거겠죠. 시대에 따라 일하는 방식 역시 바뀌는 것이 당연하지만, 그럼에도 여전히 대면 소통과 전화 통화가 중요한 소통 수단이며 각각 적절한 쓰임새가 있다는 것을 잊지 않았으면 합니다.

코로나19로 인한 비대면 시대에도 많은 사람이 화상 회의나 온라인 미팅을 통해 대면 소통의 공백을 메우려 했던 것에서 알 수 있듯, 직접 마주 보며 소통하는 건 여전히 중요합니다. 정중함을 갖춰야 하거나 업무상 민감한 이야기를 해야 할 상황에서는 얼굴을 보면서 대화해야 서로의 의도가 명확하게 전달되기 때문이죠. 이때는 상대방의 표정이나 손짓 등 비언어적인 요소도 중요하게 작용합니다.

빠른 의사결정이 필요할 때도 대면 소통이 유용합니다. 메일이나 문서 작성으로 시간을 낭비할 필요가 없으니까요. 여기에 더해, 아직은 많은 사람이 직접 보거나 통화하지 않고 문자로 이야기하는 것을 예의 없다고 생각한다는 것을 기억해주기 바랍니다.

그리고 제가 '아직은'이라고 표현했다는 점에 주목해주세요. 확실히 예전보다는 많은 사람이 비대면 수단으로 소통하는 것에 대해 관대해지고 있습니다. 또한 예전에는 바로 전화하고 바로 찾아가는 것이 당연했다면, 요즘은 '지금 통화 가능하십니까?' 혹은 '통화 편하신 시간을 알려주시면 전화 드리겠습니다'라고 문자메시지를 먼저 보내는 걸 더 선호하기도 합니다.

언젠가는 공적 대화에 있어서 카카오톡 같은 모바일 메신저가 일반적인 소통 방식으로 굳어지는 날이 올지도 모르겠습니다. 그러나 그게 제가 이 글을 쓰고 있는 지금은 아닙니다. 그러니 이제 막 사회생활을 시작하는 분이라면 대면 소통이나 전화 통화가 익숙해지도록 노력하길 바랍니다. 조금만 연습해보면 생각보다 빠르게 적응할 수 있습니다. 처음 몇 번이 힘들지 막상 해보면 생각만큼 어렵지 않다는 것도 알게 될 겁니다.

카카오톡으로 소통하는 것의 장점은 이야기를 주고받는 틈틈이 다른 개인적인 활동을 할 수 있다는 것입니다. 다른 친구와 대화할 수도 있고, 게임을 할 수도 있고, 유튜브를 볼 수도 있죠. 단점은 상대방도 역시 그럴 수 있다는 겁니다. 내가 상대방에게 온전히 집중하지 않듯, 상대도 내게 집중하지 않습니다. 직접 대화할 땐 새겨들을 이야기를 메신저에서는 대충 흘려듣게 된다는 말입니다.

메신저 창에서는
표정을 보여주지 못한다

이야기를 이어가자면 대면 소통의 가장 큰 장점은 상대방도 나에게 집중한다는 점입니다. 우리가 하는 모든 대화는 말로만 이루어지지 않습니다. 말로만 이루어진다면 그 말을 글로 표현한 카톡으로도 의미 전달에 부족함이 없어야겠죠. 하지만 현실은 그렇지 않습니다. '이거 다 했어?'라는 말이 어떤 의미로 들리나요?

1. 어느 정도 진척됐는지 확인을 위한 질문

2. 아직도 끝마치지 못했느냐는 질책성 질문

3. 설마 이것까지 했느냐는 놀라움의 질문

'이거 다 했어?'라는 짧은 질문은 글로만 읽었을 때 이렇게 여러 의미로 해석됩니다. 만약 직접 만나서 이 질문을 듣는다면, 상대방의 비언어적 표현을 토대로 말의 의도를 정확히 파악할 수 있습니다.

하지만 문자나 메신저는 어떤가요? 오해의 여지가 다분합니다. 이모티콘으로 보완할 수 있겠지만, 이 역시 보조 수단일 뿐

대면 소통만큼의 역할을 하기는 힘듭니다. 게다가 공식적인 자리나 예의를 갖춰야 하는 사이에서는 이모티콘을 사용하는 것은 적절하지 않습니다.

무엇보다 대면 소통에서는 상대방의 눈과 표정을 볼 수 있습니다. 내 눈과 표정을 보여줄 수도 있습니다. 눈빛, 표정, 몸짓에서 나타내는 모든 종류의 표현을 말과 함께 주고받을 수 있습니다.

대면 소통 능력을 키우려면 어떻게 해야 할까요? 일상에서 작은 대화의 기회를 만들어보세요. 예를 들어, 택배기사님께 "오늘도 배송 많으시죠? 고생 많으십니다"라고 간단히 인사해보세요. 회사에서도 엘리베이터를 기다리며 옆 부서 직원에게 "요즘 야근이 많으시죠? 힘내세요. 우리 부서도 비슷한 상황이에요"라고 안부를 챙겨보세요. 내가 먼저 건네는 이런 한마디가 결국 소통 실력을 키우는 밑거름이 됩니다. "큰 강은 작은 물줄기에서 시작된다"는 말처럼, 대화의 기술도 이런 작은 시도에서 다져집니다.

TIP
이렇게
해보세요

대면 소통 능력을 키우는 법

비대면 시대에도 대면 소통은 여전히 중요합니다. 다음의 예시를 활용해 대면 소통 능력을 향상시켜보세요.

1. 일상에서 대화 기회 만들기: 작은 대화로 소통 능력을 키우세요.

> **예시** • (택배기사님에게) "오늘도 배송 많으시죠? 고생 많으십니다."
> • (엘리베이터에서 동료에게) "요즘 야근이 많으시죠? 힘내세요.
>   우리 부서도 비슷해요."

2. 비언어적 표현 활용하기: 표정, 눈빛, 몸짓 등을 적극 활용하세요.

> **연습** • 상대방의 말에 고개를 끄덕이며 경청한다.
> • 미소를 지으며 긍정적인 태도로 대화에 임한다.

3. **상황에 맞는 소통 방식 선택하기**: 때와 장소에 맞는 소통 도구를 사용하세요.

> **예시**
> - (중요한 업무 논의) "이 건은 직접 만나서 이야기하는 게 좋겠습니다. 언제 시간 되실까요?"
> - (간단한 확인 사항) "가능하신 회의 시간 확인 부탁드립니다."

4. **대면 소통 연습하기**: 의도적으로 대면 소통의 기회를 만드세요.

> **연습**
> - 동료와 커피 한잔하며 업무 외 대화를 나눈다.
> - 팀 회의 때 자발적으로 의견을 제시한다.

PART
5

소통의 달인이 되는
비밀은
태도에 있다

"

당신의 말에
품격을 더하라

„

상대의 눈높이에 맞춰
대화하라

얼마 전 〈손석희의 질문들〉이라는 방송 프로그램에 백종원 더본코리아 대표가 나왔습니다. 프로그램 말미에 방청객과 질의응답 시간을 가졌는데 한 질문에 대한 백종원 대표의 답을 듣고 큰 깨달음이 왔습니다.

질문하신 분은 인천에서 8년째 카페를 운영하고 있었습니다. 손님들에게 좋은 커피를 제공하기 위해 엄청나게 많은 공을 들이고 있다는 그분은 이런 질문을 던졌습니다.

"수준 높은 커피를 내리기 위해 정말 많은 정성을 기울입니다. 그런데 손님들이 제 커피의 맛을 이해하지 못할 때가 있어요. 도대체 어떻게 해야 제 커피에 손님들의 입맛을 맞출 수 있을까요?"

그분의 고민을 들은 백종원 대표는 이렇게 대답했습니다.

"고객 눈높이 측정을 잘못하신 거 같아요. 저도 커피 브랜드를 운영합니다. 세계적으로 유명한 바리스타 커피를 마셔보면 산미가 있고 향도 좋지만, 사실 대중적으로 제일 인기 있는 커피는 태운 맛이 강합니다. 그래서 로스팅하는 사람들은 대중적인 커피를 많이 비난합니다. 이렇게 태운 것도 커피라고 부를 수 있느냐고 화를 내죠. 그럼에도 현실에선 그 태운 커피가 제일 잘 팔려요. 저도 뭐가 더 좋은 커피인 줄은 압니다. 그런데 집에 가면 태운 거 마셔요. 구수하니까. 이게 일반인의 눈높이에요."

백종원 대표는 카페 운영자의 질문에 대해 "고객 눈높이 측정을 잘못하신 거 같아요"라고 답했습니다. 대화에서 가장 주의해야 할 점도 바로 이것입니다. 상대방의 눈높이에 맞추지 못한 대화는 상대방을 이해할 수도, 깊은 소통으로 나아갈 수도 없게 만듭니다. '내 입'에 맛있는 요리가 아닌, '상대방이 원하는' 맛있는 요리를 제공하려는 자세가 필요합니다.

이어 백종원 대표는 이렇게 말합니다.

"장사를 처음 시작하시는 분들은 각자의 개성이 있어요. 자기가 배우고 생각했던, '나는 이런 그림을 그릴 거야'라는 게 있는데, 그게 실패 요인일 가능성이 큽니다. 다르게 표현하면, 내가 팔고자 하는 음식을 소비자들에게 설득시키는 것보다는, 이 지역의 많은 소비자가 어떤 유형인지를 생각한 후에 그 소비자들의 눈높이에서, 그 소비자들이 가장 쉽게 사 먹을 수 있는 음식이 무엇인지를 생각하고 그걸 제공해야 합니다. 그게 싫어도 내 음식을 거기에 맞춰야 합니다. 그러기 위해서 내 고집을 양보하고 절제하는 훈련이 필요해요."

상대방에게 내 눈높이를 맞춰 대화한다는 것은 어쩌면 이렇게 상대방의 입맛에 내 음식 맛을 맞추는 요리사의 마음과도 같을지 모르겠습니다. 내가 생각하는 정말 맛있는 맛이 있지만, 그게 중요한 게 아니라 이 지역에서 가장 많은 소비자층이 원하는, 내가 가장 많이 모시고 싶은 고객층이 원하는 맛을 서비스하겠다는 마음, 이것이 고객에게 눈높이를 맞추는 것이겠죠.

백종원 대표의 통찰력 있는 조언은 비단 카페 운영이나 음식 사업에만 국한되지 않습니다. 이는 우리의 일상적인 대화와 소통에도 적용될 수 있습니다. 대화의 핵심은 바로 '상대방의 눈높이에 맞추는 것'입니다. 이는 단순히 상대방이 원하는 대로 말하는 것이 아닙니다. 상대방의 입장, 경험, 지식 수준을 고려하여 그들이 가장 잘 이해하고 받아들일 수 있는 방식으로 소통하는 것을 의미합니다. 이것이 대화의 품격을 높여주죠.

품격 있는 대화는 상대방을 진정으로 이해하고, 그들의 필요와 관심사에 맞춰 소통하는 것입니다. 그렇기에 때로는 우리의

'고집'을 양보하고, 우리의 표현을 '절제'할 필요가 있습니다.

상대의 비난에
품격 있게 맞서는 법

백종원 대표의 말하기를 좀 더 살펴보겠습니다. 사실 제가 보기에 그 방송에서 백종원 대표의 모습은 대화의 정석과도 같았습니다. 특히, 손석희 아나운서의 날카로운 질문에 감정적 대응 없이 품격 있는 태도로 일관하는 백종원 대표의 모습이 인상적이었죠.

방송에서 화제에 오른 건 더본코리아 가맹점주들의 불만이었습니다. 그들은 가맹할 당시와는 다른 조건으로 손해를 보고 있다며 본사에 이의를 제기하고 있었고 이것이 언론을 통해 공개됐죠.

손석희 아나운서는 가맹점주들의 입장에서 백종원 대표에게 날카로운 질문을 던졌습니다. 이에 백종원 대표는 소수의 가맹점주만이 불만을 느끼고 있고 대부분의 가맹점주는 불만이 없다고 항변하면서도, 그 소수의 가맹점주를 오히려 감싸는 모습을 보였습니다.

그동안 여러 프로그램에 출연해 많은 자영업자에게 쓴소리를 서슴지 않는 모습을 보여왔지만, 그 자리에선 그 소수의 가맹점주를 향해 사소한 지적 한 번 하지 않았습니다.

백종원 대표의 말하기에서 우리가 배울 수 있는 핵심적인 교훈들을 살펴보겠습니다.

첫째, 감정적 반응 대신 품격 있는 태도 유지하기

백종원 대표는 그 어떤 질문에도 감정적인 동요 없이 침착하고 차분하게 대답했습니다. 갈등 상황에서 감정에 휩쓸리지 않는 건 무척 중요합니다. 감정을 통제하고 이성적으로 대응할 때, 상대방 역시 내 의견을 진지하게 받아들이게 됩니다.

둘째, 함께 비난하지 않기

백종원 대표는 불만을 제기한 가맹점주들을 "나의 일원"이라고 감싸며 포용하는 모습을 보였습니다. 시시비비를 가리기에 앞서 일단 갈등의 대상을 수용하는 모습에 자칫 날카로워질 수 있었던 대담 현장은 한층 부드러워졌습니다. 나를 비난하는 사람들에게 함께 욕하지 않는 것, 사실 그것만으로도 내 품격은 한층 빛이 납니다.

셋째, 상대방의 입장 이해하기

백종원 대표는 불만을 제기한 가맹점주들의 입장을 이해하려고 노력했습니다. 공격을 공격으로 대응해서는 어떤 문제도 해결할 수 없습니다. 상대방의 행동 뒤에 숨겨진 스트레스나 압박을 이해하면, 그들의 말을 개인적인 공격으로 받아들이지 않을 수 있습니다.

넷째, 다음을 고려한 대화하기

백종원 대표는 현재의 갈등 상황만이 아니라, 갈등이 종결된 후의 관계도 고려하며 대화했습니다. 많은 사람이 간과하는데, 이는 매우 중요한 점입니다. 당장의 불편한 상황보다 장기적인 관계를 생각하며 대화를 이어가야 합니다. 이를 위해서는 불편한 말이 오가는 중에서도 내가 지금 이 대화를 통해 무엇을 얻어야 하는지, 이 대화의 목적이 무엇인지를 계속 기억하고 있어야 합니다.

백종원 대표가 방송을 통해 보여준 것처럼, 상대방의 눈높이에 맞추고, 감정을 통제하며, 상대방을 비난하지 않고, 나와 반대되는 입장을 이해하려 노력하는 것. 이것이 바로 품격 있는 대화의 핵심입니다.

품격 있는 대화는 단순히 개인의 이미지를 위한 것이 아닙니다. 그것은 우리 사회의 소통 문화를 바꾸는 강력한 힘을 가지고 있습니다. 백종원 대표의 사례에서 보듯이, 한 사람의 품격 있는 대화는 수많은 사람에게 영감을 주고 긍정적인 파급 효과를 낳습니다.

갈등 상황에서도 상대방을 존중하고 이해하려는 자세, 감정에 휘둘리지 않고 품격을 유지하는 모습은 우리 주변 사람들에게 '이렇게도 소통할 수 있다'라는 강력한 메시지를 전달합니다.

"

대화를
부드럽게 만드는
긍정의 힘

"

"웃는 낮에 침 뱉으랴"
미소의 힘

굴지의 대기업에서 과장으로 일하던 G는 오랜 고민 끝에 회사를 그만두고 로스쿨에 들어가 마침내 변호사가 됐습니다. 로펌에 취업한 G는 의욕적으로 업무를 배워나가기 시작했습니다. 회사는 규모가 작았지만, 두 공동대표가 각각 부장판사와 차장검사 출신이어서 형사사건이 아주 많았습니다.

그런데 G에게 고민이 생겼습니다. 대기업에서 8년 동안 일한 경력이 있음에도 회사에서 자신을 사회 초년생처럼 대한다는 것이었습니다. 신입 변호사이기에 어느 정도 감수하고 시작한 일이었지만, 자존심이 상하는 것은 어쩔 수 없었습니다. 그러던 어느 날 G가 저를 찾아와 하소연했습니다.

"솔직히 억울해요. 제가 변호사 경력이 없는 거지 사회인 경력이 없는 건 아니잖아요? 그런데 이제 막 대학 졸업한 사람처럼 대한다니까요? 의뢰인과의 미팅 중에도, 모르면 가만히 있으라는 식으로 말하고요."

평소 그의 상황을 잘 알고 있던 저는 이런 말을 건넸습니다.

"네가 하는 일과 로펌에서 만나는 모든 사람을 미소로 대해봐. 무엇이든 잘해야겠다는 의욕이 넘칠 테지만, 우선 경직된 마음부터 풀어야 해. 그리고 로펌의 사건들을 차근차근 공부하듯 살펴보면서 '왜 이렇게 했는지' '내가 몰랐던 배경은 무엇인지' 등을 파악해봐."

G는 의아한 표정을 지었지만, 제 조언을 성실히 따랐습니다. 6개월쯤 지난 뒤, 다시 만난 G의 표정은 무척 밝았습니다. 로펌 내에서 실력을 인정받고 최근에는 공동대표 중 한 분에게 직접 사건을 맡아보라는 제안도 받았다더군요. 그동안 어떤 변화가 있었는지, 무엇을 다르게 했는지 물었습니다.

G는 자존심이 상해 매사 굳어 있던 표정을 풀고, 만나는 모든 사람을 미소로 대했습니다. '웃는 낯에 침 뱉으랴'라는 속담처럼 웃고 있는 그를 대면대면하게 대할 사람은 없었습니다. 그러다 보니 동료들과 가까워지는 것은 물론 의욕이 마구 샘솟는 게 느껴졌다고 했습니다.

"일도 사람도 미소로 대하라니, 기대했던 조언이 아니라서 처음에는 황당했어요. 그런데 다음날 출근해서 생각해보니 그 말이 맞을 수도 있겠더라고요. 어쨌든 변호사로서의 경력이 없는 건 사실이니까요. 먼저 사무실에서 제가 볼 수 있는 지난 사건 파일을 모조리 읽기 시작했어요. 쟁점이 뭔지, 당사자들의 이해관계가 어떤지, 담당자가 그들을 위해 어떤 법을 적용했는지, 여러 전략 중에 이 전략을 채택한 이유는 무엇인지 등등. 공부하다가 모르는 내용이 나오면 대표님들께 직접 여쭤봤어요. 이 과정을 반복하다 보니 우리 회사의 전체적인 상황이 파악됐고, 대표님들이 저를 대하는 표정이 달라졌어요."

저는 이것을 '미소 효과'라고 부릅니다. 여기에서 미소는 단순히 표정을 말하는 것이 아닙니다. 마음의 빗장을 풀고, 배우려는 자세로 임하는 긍정적인 마음가짐을 뜻합니다. 사실 이전의 경력이 아무리 대단하더라도, 새로운 분야에서 처음부터 다시 시작할 때는 배우려는 겸손한 자세가 필요합니다. G가 변호사로서 첫걸음을 뗄 때 겪은 어려움은 사실 우리 모두가 흔히 경험하는 일입니다.

긍정적으로 인식을 바꾸면 이때부터는 자신의 성장에 몰입하게 됩니다. 매사 긍정적인 마음으로, 배움을 목적에 두고 '이건 왜 이럴까?' '여기에 내가 모르는 어떤 사정이 숨어 있는 걸까?'

라는 생각으로 접근한다면 일을 통해 성장하는 자신을 발견하게 될 것입니다.

긍정적 태도가
만드는 마법

70만 유튜버인 드로우앤드류 님도 사석에서 제게 비슷한 이야기를 한 적이 있습니다. 디자이너로서 사회에 첫발을 내디뎠을 때 근무 시간을 초과해야만 결과를 낼 수 있는 업무가 연달아 밀려들기 일쑤였다고 합니다.

때론 그렇게 무리하게 일하는 것이 화가 날 때도 있고, 이럴 거면 월급을 더 받아야 하는 것이 아닌가 하는 원망도 생겼다고 합니다. 그러나 그럴수록 그는 더 긍정적이고 적극적으로 일했습니다. 제가 그 이유를 물었더니 이렇게 대답했습니다.

"제 작업물이잖아요. 제가 문구 회사를 차려서 디자인하고 제품을 만들고 시장에 내놓으려면 얼마나 많은 돈이 들겠어요. 그래서 성공하면 다행이지만, 실패하면 큰 문제가 되겠죠. 그런데 회사에선 그 과정을 직접 경험해보게 해주잖아요. 물론, 추가 근무 수당 없이 무리하게 일하는 건 억울했지만요. 하지만 급여보다는 제 디자인으로 제품을 만들어볼 기회가 더 크게 느껴졌어요. 그래서 즐거운 마음으로 최선을 다했고, 그때의 경험이 쌓여서 지금의 제가 될 수 있었어요."

드로우앤드류 님의 이야기에서 알 수 있듯 힘든 상황은 결국 값진 경험이 됩니다. 그는 주어진 업무를 단순히 수행하는 데 그치지 않고, 그 과정을 자신의 성장 기회로 삼았습니다. 또한 어려운 상황 속에서도 긍정적인 태도를 잃지 않았습니다. 이러한 태도 덕분에 지금의 드로우앤드류 님이 있는 것이 아닌가 합니다. 이것이 바로 당장의 보상보다는 장기적인 성장에 초점을 맞춰야 하는 이유입니다.

저 역시 강연을 하러 다니다 보면 가끔 현장에서 어려운 상황을 만나곤 합니다. 앞의 강연과 맞물려 30분에서 한 시간 정도 지연되기도 하고, 질의응답이 길어져 시간이 늘어나기도 하죠.

이럴 때 제가 "사전에 합의된 건 한 시간이니까 그 이상은 할 수 없습니다"라고 거부하거나 "강연 시간이 끝났으니 더 이상 질문을 받지 않겠습니다"라고 하는 게 과연 옳을까요? 상식적으로는 그게 맞겠지만 장기적인 성장의 관점에서 보면 꼭 그렇지는 않다고 생각합니다.

저는 강연 자체보다 강연에 와주신 분들이 일상에서 느끼는 말하기의 어려움을 공유하고, 제 솔직한 답변을 통해 도움이 되는 과정을 즐깁니다. 이 과정이 제게는 행복입니다. 이런 진심 어린 교감이야말로 그분들뿐만 아니라 제 성장을 위해서도 중요한 부분이라 생각하고요.

여러분도 일상의 모든 순간을 배움의 기회로 삼고 긍정적인 태도로 임한다면, 언젠가는 자신만의 성공담을 만들어낼 수 있을 것입니다.

"

오늘 대화하면서
몇 번이나 미소 지었나요?

"

소통의 기본은
경청이다

"

호감도를 높이는
경청의 자세

이 책을 읽는 분이라면 경청의 중요성에 대해 이미 많이 들어 보셨을 겁니다. 경청을 주제로 출간된 책만 해도 수십 권에 이르죠. 그런데 경청이 무엇인지를 정확히 정의 내리는 사람은 많지 않은 것 같습니다. 제가 생각하는 경청은 말하고 싶은 욕구를 누르고 상대방의 이야기에 온전히 집중하는 '희생'입니다. 하지만 이 희생은 결국 우리의 인간관계를 더욱 의미 있게 만드는 열쇠가 됩니다.

경청의 가치는 경제 원리에서 찾을 수 있습니다. 모두가 자신의 말을 들어주길 원하지만(높은 수요), 실제로 경청을 잘하는 사람은 매우 드뭅니다(낮은 공급). 이런 상황에서 여러분이 훌륭한

'경청자'가 된다면, 그 가치는 말할 수 없이 높아질 것입니다.

하지만 우리는 종종 경청을 방해하는 행동들을 무의식적으로 하고 있습니다. 경청을 방해하는 행동이 무엇인지 살펴보고 경청하려면 어떠한 태도를 갖춰야 하는지 알아봅시다.

첫째, 상대방을 향해 앉아라

누군가와 대화할 때 여러분의 몸은 어디를 향하고 있나요? 대화를 할 때 상대방을 향하지 않은 자세는 듣는 사람의 집중력을 떨어뜨립니다. 따라서 눈은 물론 얼굴, 어깨, 몸통, 심지어 무릎까지도 항상 상대방을 향해 있어야 합니다. 이는 단순히 바른 자세를 취하라는 이야기가 아닙니다. '당신의 말에 집중하고 있습니다' '당신을 존중합니다'라는 무언의 메시지를 최선을 다해 상대방에게 전하라는 뜻입니다. 때로 그런 무언의 메시지가 백 마디 말보다 더 큰 효과를 가져다줍니다.

둘째, 대화 중 스마트폰을 보지 말아라

대화 중 스마트폰을 보며 "나는 멀티태스킹이 가능해요"라고 말하는 분을 간혹 보곤 합니다. 하지만 한 번에 여러 일을 한다는 건 그만큼 내 주의를 한곳에 집중하지 않고 분산시킨다는 뜻이기도 합니다. 대화의 성패는 서로가 얼마만큼 상대방에게 집중하느냐에 달렸습니다. 대화 중 스마트폰을 보는 순간, 여러분은 이미 상대방을 무시하는 것입니다. 그 짧은 순간에 상대방은 마음이 상할 수 있습니다. 진정한 경청은 상대방에게 모든 주의를 기울이는 것에서 시작합니다.

셋째, 상대방의 말을 끊지 말아라

상대방의 말이 끝나기도 전에 끼어드는 것은 대화의 흐름을 깨뜨릴 뿐만 아니라, 상대방의 생각을 거부하는 행위로 비칠 수 있습니다. 어떤 대화에서도 해서는 안 되는 무례한 행동이죠. 상대방의 말이 끝날 때까지 인내심을 갖고 기다리는 것, 그것이 바로 경청의 시작입니다.

대화 중에 당신은 무의식적으로 제가 말한 이런 행동들을 하고 있을지 모릅니다. 하지만 이제 알았으니 바꾸면 됩니다. 경청은 마음만 먹는다고 습득되지 않습니다. 연습이 필요한 기술입니다. 오늘부터 해서는 안 될 세 가지 행동을 의식적으로 피하면서, 상대방의 말에 온전히 집중해보세요.

경청하되, 대화의 목적을
놓치지 마라

경청의 핵심 중 하나는 이야기가 끝날 때까지 이 대화의 목적을 분명히 기억하는 것입니다. 대화를 시작할 때 우리는 스스로에게 질문해야 합니다.

'나는 왜 이 대화를 하고 있는가? 이 대화를 통해 무엇을 얻고자 하는가?'

대화의 목적이 분명할 때, 우리는 더 집중해서 들을 수 있습니다. 예를 들어, 동료와 대화하는 이유가 '프로젝트의 문제점 해결'이라면, 자연스럽게 그 문제점과 관련된 정보에 귀 기울이게 됩니다. 가족과의 대화 목적이 '오늘 하루 일상에 대한 이해와 공감'이라면, 서로의 감정과 경험에 더 주의를 기울이게 되겠죠.

하지만 여기서 주의할 점이 있습니다. 대화의 목적이 일방적이어서는 안 된다는 것입니다. 상대방의 말 속에서 그들이 원하는 바를 파악하고, 이를 존중하는 자세도 중요합니다. 고 김대중 전 대통령은 "경청이야 말로 최고의 대화"라며 "대화의 요체는 수사학에 있는 것이 아니라 상대방의 말을 경청하는 심리학에 있다"는 말을 하셨습니다. 때로는 내 목적과 상대방의 목적이 다를 수 있습니다. 이럴 때 진정한 경청자는 유연하게 대응할 수 있어야 합니다. 내 목적을 분명히 하면서도 상대방이 원하는 것 역시 잊지 않는 포용력이 필요하죠.

이를 위해서는 상대방의 입장과 의중을 이해하려는 노력을 계속해야 합니다. 말뿐만 아니라 말 사이에 숨겨진 감정, 눈빛, 표정, 몸짓 등 비언어적 신호까지 읽어내려는 노력이 필요합니다.

오늘 하루 동안만이라도 이런 태도로 누군가의 말을 들어보는 건 어떨까요? 대화를 시작하기 전, 잠시 동안 '이 대화의 목적은 무엇일까?'라고 자문해보세요. 그리고 그 목적에 맞춰 온 감각을 열고 상대방의 말에 집중해보세요. 앞서 말한 상대방을 향한 바른 자세, 스마트폰을 내려놓은 채 집중하는 모습, 상대방의 말을 끊지 않는 태도에 신경 쓰면서 말이죠. 여기에 상대방이 이 대화에서 얻으려는 것도 배려하는 마음가짐이 더해진다면, 여러분의 대화는 한층 더 깊이 있고 의미 있는 관계로 이어질 겁니다.

경청으로 관계를 개선하는 법

효과적인 경청은 인간관계를 깊게 만드는 핵심 기술입니다. 다음의 실천 팁과 예시를 활용해 더 나은 경청자가 돼보세요.

1. **상대방을 향한 바른 자세 유지하기**: 몸 전체로 집중하고 있음을 보여주세요.

   예시 (상대방을 향해 몸을 기울이며) "네, 말씀해주세요. 제가 잘 듣고 있습니다."

2. **스마트폰 사용 자제하기**: 대화 중에는 스마트폰을 멀리하세요.

   예시 "중요한 이야기를 나누는 동안에는 방해받지 않도록 제 휴대폰을 무음으로 해두겠습니다."

3. 상대방의 말을 끊지 않기: 인내심을 가지고 끝까지 들으세요.

> **예시** (상대방의 말이 끝난 후 천천히 대답 시작) "말씀 다 마치셨나요? 제가 이해한 바로는…."

4. 대화의 목적 명확히 하기: 대화를 시작할 때 목적을 생각해보세요.

> **예시** "이번 대화에서 우리가 해결하고 싶은 문제가 무엇인지 먼저 정리해볼까요?"

5. 상대방의 비언어적 신호 읽기: 말 외의 표현에도 주의를 기울이세요.

> **예시** "방금 표정이 조금 어두워지셨는데, 혹시 제가 말씀드린 내용 중 걱정되는 부분이 있으신가요?"

"

존중하면
상대의 말에
귀 기울이게 된다

"

겸손으로 표현하는
존중의 마음

'벼는 익을수록 고개를 숙인다'라는 속담이 있습니다. 겸손한 사람일수록 자신을 낮춘다는 이 속담을, 벼의 입장에서 생각해 볼까요? 제 생각엔 벼가 시간이 지났다고 저절로 '아, 내가 익었으니 겸손해야겠구나' 하며 고개를 숙이는 건 아닐 겁니다.

벼는 스스로 익어가는 동안 '익는 것이 얼마나 힘들고 위대한 일'인지를 깨달았을 것입니다. 토양과 태양, 비 등 외부 요인의 도움 없이는 익을 수 없다는 것도 알게 됐을 테고요. 그러다 보니 이미 익었거나, 익고 있는 다른 벼들이 위대하게 느껴졌을 겁니다. 그뿐만 아니라 아직 익지 않았지만 익기 위해 고군분투하는 벼들도 위대해 보였을 테고요. 그런 깨달음을 얻고 나니 저절로 고개가 숙여질 수밖에 없었던 게 아닐까요?

자신의 분야에서 성공해서 입지를 탄탄히 다진 이들도 다르지 않습니다. 잘 익어 고개 숙인 벼처럼 대부분 겸손합니다. 그들은 현재의 위치에 오르기 위해 어떤 노력이 필요했는지 잘 알고 있습니다. 실제로 그 노력을 실행했을 게 분명합니다. 한편 경지에 오른다는 것이 노력만으로는 되지 않는다는 것도 알고 있을 겁니다. 엄청난 노력을 했는데도 성공하지 못할 수 있다는 사실도 겸허히 받아들이게 된 거죠.

그래서 그들에겐 자신처럼 성공한 사람뿐만 아니라 아직 성공하지 못한 사람도 존중하는 마음이 있습니다. 아직 성공하지 못한 사람도 언젠가 때를 만날 거라는 걸 알고 있죠. 또한 성공하지 못하더라도 그간의 노력은 존중받아야 마땅하다는 사실도 알고 있습니다. 누구를 만나더라도 겸손한 모습으로 상대방을 존중해주니 주변에는 늘 호감을 보이며 진심으로 가까이 지내려는 사람이 있습니다. 지위가 아니라 사람 됨됨이가 사람들을 모으는 것입니다.

그런 면에서 보면 겸손은 성공한 사람들만의 덕목은 아닌 듯합니다. 상대방을 가리지 않고 누구에게나 겸손하다는 것은 결국 모든 사람을 존중한다는 뜻입니다. 나를 존중하는 사람을 싫어하는 사람이 있을까요? 그러므로 겸손은 이미 성공한 사람뿐 아니라, 아직 성공하진 못했지만 열심히 목표를 향해 전진하고 있는 우리 모두에게 오히려 더욱 필요한 덕목이 아닐까 싶습니다.

진정한 성공에 이르게 하는
겸손의 힘

제가 겸손의 힘을 깊이 깨닫게 된 것은 신입 아나운서 시절 만난 예능 프로그램 대작가 김경남 선배 덕분입니다. 그분은 당시나 지금이나 늘 한결같은 모습으로 PD나 출연진은 물론 조연출, 막내 작가, 소품 담당자까지 방송에 관여된 모든 사람을 빼놓지 않고 챙겼습니다. 그렇기에 그를 인간적으로 좋아하고 따르는 이들이 많았죠.

하루는 회식 자리에서 선배가 이런 말을 했습니다. "이 바닥이 특히 그렇지만, 무슨 일을 하든 누구에게나 잘해야 해." 이미 명성이 높았던 그였기에 신입 아나운서였던 저는 선배의 말이 완벽하게 이해되지 않았습니다. 하지만 20여 년이 지나 돌아보니 그 말이 깊이 와닿습니다.

당시 그 말을 한 선배의 모습이 앞서 말한 '익어서 고개를 숙인 벼'와 같습니다. 방송은 여러 사람이 함께 만듭니다. 저마다 역할이 있고, 각자의 역할에 최선을 다하죠. 그런데 유독 빠르게 바뀌는 방송 업계의 생리 때문인지 막내 작가나 조연출이 눈깜짝할 사이에 대표 작가나 메인 PD가 돼 있습니다. 출연진들도 마찬가지이고요. 어느 순간 세상에 이름을 알리고, 지금과 전혀 다른 위치에 오르는 사람이 꽤 많습니다.

방송 업계만 그런 것이 아닙니다. 어느 업계든 지금 내가 잘 나간다고 시건방을 떨거나, 나보다 아랫사람이라고 해서 누군가를 무시했다가는 나중에 망신을 당할지 모릅니다. 언제라도 판도가 뒤집힐 수 있기 때문이죠. 잘될수록 겸손하고, 내 눈에 부족해 보이더라도 더욱 칭찬해야 하는 이유가 여기에 있습니다.

결국 롱런하는 사람들의 비밀은 겸손과 존중에 있습니다. 그들은 자신의 성공이 개인의 노력뿐만 아니라 주변의 도움과 운이 함께 작용한 결과임을 알고 있습니다. 또한 현재의 위치에 안주하지 않고 계속해서 배우고 성장하려는 자세를 가지고 있죠.

하지만 이러한 태도는 하루아침에 생기지 않습니다. 끊임없는 자기 성찰과 사소한 것이라도 고마움을 말로 표현하려고 노력할 때 체화되는 태도입니다. 그러니 오늘 만난 동료에게 진심 어린 감사를 표현해보는 것은 어떨까요? 지금까지 당연하게 여겼던 주변의 도움들을 하나씩 떠올려보는 것은 어떨까요? 내가 지금 이룬 것이 과연 내 힘만으로 가능한 것인지 시시때때로 돌이켜보는 것도 좋습니다.

그렇다고 겸손과 존중을 단순히 성공을 위한 도구로 생각하지는 않았으면 합니다. 이 두가지는 우리의 삶을 더욱 풍요롭게 만들고, 더 깊은 인간관계를 형성시켜줍니다. 우리가 다른 이들의 가치를 인정하고 존중할 때, 우리 자신도 그만큼 인정받으며 성장하게 되는 것입니다.

처음에 얘기한 '벼는 익을수록 고개를 숙인다'라는 속담을 다시 한번 생각해봅시다. 무언가를 이룰수록, 성공할수록 더욱 겸손해지고 다른 이들을 존중할 수 있다면, 그것이야말로 진정한 성공이 아닐까요? 이런 자세로 살아간다면 단순히 오래 가는 사람이 아니라, 주변과 함께 성장하며 더 나은 세상을 만드는 사람이 될 수 있을 것입니다.

"

완벽주의를
내려놓으면
대화가 쉬워진다

"

실수를 두려워하지 말고
유연하게 대화하라

완벽주의는 수많은 가능성을 가로막는 장애물입니다. 그럼에도 우리 주변에서 완벽주의 성향의 사람들을 쉽게 만나곤 합니다. 본인이 원하지 않아도 그렇게 살 수밖에 없게 만드는 현실이 안타깝지만, 그럴수록 우리는 나도 모르게 완벽주의의 함정에 빠져 본연의 능력조차 사장시키고 있지는 않은지 늘 경계해야 합니다.

제 스피치 강의의 수강생이었던 재희(가명) 님은 스스로에게 무척 엄격한 사람이었습니다. 자신의 스피치 실력이 부족하다고 생각했던 재희 님은 직장에서 팀장이지만 발표해야 할 일이 있으면 늘 다른 팀원들에게 미뤘습니다. 똑같은 실수를 하더라도 팀원의 실수는 참을 수 있었지만, 자신의 실수는 도저히 견딜 수 없었기 때문이죠. 재희 님의 이런 태도는 결국 새로운 업무를 맡는 것조차 회피하게 했죠.

재희 님은 제게 이렇게 물었습니다. "어떻게 연습하면 발표를 완벽하게 할 수 있나요?" 이 질문에서 저는 재희 님의 높은 기준과 그로 인한 부담감을 엿볼 수 있었습니다.

또 다른 수강생인 민철(가명) 님의 경우, 완벽해 보이려는 태도로 인해 소개팅에서 항상 어려움을 겪었습니다. 민철 님은 소개팅 자리에서 준비한 대로만 대화를 이어가려고 했고, 대화 주제가 조금이라도 벗어나면 하던 이야기로 되돌리려고 했습니다. 결과적으로 자연스러운 대화의 흐름을 깨뜨리고 상대방과의 관계를 망치곤 했죠.

완벽주의란 '결함이 없이 완전함을 추구하려는 태도'입니다. 이는 언뜻 장점으로 보이지만, 실제로는 우리에게 과도한 정신적 압박을 주어 결국 아무것도 할 수 없게 만듭니다. 완벽함을 추구하는 과정에서 우리는 실패에 대한 두려움, 비난에 대한 공포 그리고 끊임없는 자기 검열에 시달리게 되죠.

저 역시 이런 완벽주의의 덫에 빠져 괴로워하던 시절이 있습니다. 방송에서 인터뷰를 할 때면 제작진이 준비한 대본을 한 글자도 빠짐없이 완벽하게 소화하려 했죠. 그러다가 점차 깨달았습니다. 중요한 건 대본을 그대로 읽는 게 아니라, 대화하는 상대방의 깊은 속마음을 끌어내는 것이라고 말입니다.

이후에 완벽주의를 내려놓으니, 오히려 더 좋은 결과가 찾아왔습니다. 출연자들의 피드백이 좋아졌고, "한석준 아나운서와 인터뷰하면 평생 안 해본 얘기를 꺼내게 된다"라는 멋진 찬사도 들을 수 있었습니다. 이는 제가 더 이상 대본에 얽매이지 않고, 진정으로 상대방의 이야기에 귀 기울이며 소통하려 노력했기 때문입니다.

완벽주의를 내려놓는다는 것이 모든 상황을 무시해도 된다는 뜻은 아닙니다. 본질을 놓치지 않는 선에서 유연하게 대처하는 자세를 뜻합니다. 방송 프로그램의 대본은 제작진이 많은 고민 끝에 만든 것이지만, 그것을 100퍼센트 소화하는 것이 인터뷰의 본질은 아닙니다. 중요한 건 대본을 중심에 두되, 상황에 맞게 유연하게 대처하며 진정한 소통을 이루어내는 것입니다.

발표에서도 마찬가지입니다. 가장 중요한 것은 말을 더듬지 않고 내용을 완벽하게 전달하는 것이 아닙니다. 아나운서처럼 발음 한 번 틀리지 않고 매끄럽게 전달하는 것이 목표가 되어선 안 된다는 뜻입니다. 물론 정확한 의사전달을 위해 발음과 발성이 중요하지만, 그것 자체가 목적이 돼서는 안 됩니다. 중요한 건 청중과 어떻게 소통하고, 어떤 메시지를 전달하느냐입니다.

완벽주의를 내려놓았을 때, 우리는 더 자유로워지고 본질에 집중할 수 있게 됩니다. 이는 나 자신을 변화시킬 뿐만 아니라 주변과의 관계에도 긍정적인 영향을 미칩니다. 상대방의 말에 더 귀 기울이게 되고, 예상치 못한 상황에도 유연하게 대처할 수 있게 됩니다.

완벽하지 않아도 괜찮다고 스스로에게 말해주자

다시 재희 님의 이야기로 돌아가봅시다. 만일 재희 님이 완벽한 발표를 위해 모든 것을 외우려고 하기보다, 자신의 메시지를 진정성 있게 전달하는 데 집중한다면 어떻게 될까요? 작은 실수 정도는 두려워하지 않게 될 겁니다. 오히려 실수하는 순간 여유를 갖고 유머러스하게 넘기게 돼 청중과의 친밀감도 더 커질 겁니다.

민철 님의 경우도 마찬가지입니다. 만약 민철 님이 소개팅에서 완벽주의를 내려놓고, 상황에 따라 유연하게 대응했다면 어떨까요? 미리 준비한 대화 주제에 얽매이지 않고 상대방의 관심사를 진심으로 듣고 반응했다면, 결과는 달랐을지도 모릅니다. 더 자연스럽고 즐거운 대화가 이어졌을 수 있죠.

결국 완벽주의를 내려놓는 것은 우리 삶을 더욱 다채롭게 만드는 열쇠입니다. 그 열쇠는 잘해야 한다는 강박에서 벗어나게 함으로써 자유롭게 역량을 펼칠 기회를 마련해줍니다. 완벽하지 않아도 괜찮다는 것을 인정할 때, 우리는 더 나은 자신을 만나게 될 것입니다.

그리고 그 과정에서 우리는 더 깊고 진정성 있는 관계를 만들어갈 수 있을 것입니다. 재희 님이 발표를 두려워하지 않고 새로운 도전을 받아들일 수 있게 되고, 민철 님이 자연스러운 대화로 좋은 인연을 만들 수 있게 된 것처럼 말입니다.

"

불완전함을
받아들일 때 진정한
소통이 시작된다

"

완벽주의가 성공적인
대화를 만들어줄까?

"숨은 디테일을 살리는 사람이 진짜 고수다."

"'봉테일'이라는 별칭은 디테일을 잘 살리는 봉준호 감독에 대한 찬사다."

이처럼 여기저기서 '디테일'을 강조하는 이야기를 듣습니다. 작은 디테일까지 다 잡아내겠다는 욕심은 완벽주의와 맞닿아 있습니다. 목표한 어떤 일을 완수하기 위해 준비하는 과정에서 아주 작은 것까지 온 신경을 곤두세웁니다. 그에 대한 노력이 세밀할수록 성공 가능성이 높아지겠죠.

일례로 축구 감독은 중요한 경기를 앞두고 그 경기에 이기기 위해 수많은 준비를 합니다. 육체적 한계를 뛰어넘도록 선수들을 독려하고, 동시에 자신은 그들을 활용해 승리하는 전략을 짜기 위해 최선을 다하죠. 사소한 부분에서 승부가 갈리는 게 스포츠이기에 감독은 어느 것 하나 놓치지 않기 위해 최선을 다합니다.

아비투스 스튜디오 대표이자 제 아내인 임혜란 씨는 사진작가입니다. 매번 사진 작업을 할 때마다 인물을 더 잘 표현하는 방법을 연구하면서 이를 위해 스튜디오의 환경을 최상의 상태로 유지합니다.

또한 찍는 인물에 대해서도 최선을 다해 관찰합니다. 어떤 스타일인지, 어떤 부분을 더 드러내야 하는지, 어떤 배경에서 어떤 조명을 쓰면 더 멋지게 나올지, 인물이 특별히 원하는 모습이 있는지 등을 모두 파악하려고 애를 쓰죠. 고객이 만족을 넘어 감동할 수 있는 사진 한 장을 찍기 위해 할 수 있는 만반의 준비를 합니다. 한마디로 말해 아주 작은 디테일도 놓치지 않고 점검하는 거죠.

이미 각자의 자리에서 맡은 바를 성공적으로 해내고 있는 많은 사람이 이와 같을 겁니다. 자신이 해야 하는 일, 완수해야 하는 임무를 더 멋지게 해내기 위해 모든 부분에서 완벽을 기하죠. 이렇게 했을 때 일이 성공할 가능성이 높아진다는 것을 경험으로 알고 있으니까요.

그런데 유독 스피치에서만큼은 완벽주의가 통하지 않습니다. 왜 그럴까요?

완벽주의가 당신의
말하기를 망치고 있다

스피치는 살아 있는 소통입니다. 미리 준비한 내용을 완벽하게 전달하는 것보다 청중과 호흡하며 유연하게 대응하는 것이 더 중요합니다. 완벽주의에 사로잡히면 오히려 이 중요한 요소를 놓치게 됩니다.

발표 내용을 한 글자도 틀리지 않고 전달하려다 보면 청중의 반응을 살피거나 즉흥적인 유머를 던질 여유를 잃게 됩니다. 또한 실수에 대한 두려움 때문에 오히려 더 긴장하게 돼 자연스러운 말하기가 어려워집니다.

완벽주의를 내려놓고 유연한 태도로 스피치에 임했을 때 얻을 수 있는 이점은 다음과 같습니다.

- 청중의 반응을 보며 내용을 조절한다.
- 긴장감이 줄어들어 더 편안하고 설득력 있게 말한다.

- 준비된 내용을 벗어나 순간적인 영감으로 더 매력적인 메시지를 전달한다.
- 작은 실수를 유머로 승화시켜 오히려 청중과의 유대감을 높인다.
- 완벽하지 않은 모습이 오히려 인간적으로 받아들여서 청중에게 호감을 준다.

정리해보면 스피치에서의 완벽주의는 역설적으로 오히려 완벽한 소통을 방해할 수 있습니다. 물론 준비가 완벽할수록 좋지만 가장 중요한 건 완벽한 준비를 바탕으로 한 유연한 대처와 제대로 된 소통입니다.

스피치를 준비할 때는 '완벽한 전달'이 아닌 '효과적인 소통'에 초점을 맞추세요. 청중과 호흡하며 때로는 실수도 받아들이면서 즉흥적인 순간을 즐기세요. 이러한 태도가 오히려 여러분의 메시지를 더욱 강력하게 만들고, 청중의 마음을 움직이는 진정한 스피치로 이어질 것입니다.

완벽주의를 내려놓는 것이 두렵나요? 그렇다면 작은 실험을 해보세요. 다음번 스피치에서 의도적으로 작은 실수를 해보는 겁니다. 준비한 내용에서 조금 벗어나 즉흥적인 이야기를 해보는 것도 좋습니다. 그리고 그 결과를 지켜보세요. 아마도 예상외로 사람들의 반응이 좋을 겁니다. 이런 경험들이 쌓이면서 여러분은 점차 완벽주의의 굴레에서 벗어나 더욱 자유롭고 효과적인 스피치를 할 수 있게 될 것입니다.

"

대화에는
삶의 모든 경험이 담긴다

"

자기성찰로 삶을
객관화하는 연습

누군가가 "당신은 성공하고 싶나요?"라고 묻는다면 뭐라고 답하겠습니까? 대부분 당연히 "성공하고 싶다"고 말할 겁니다. 저역시 그렇고요. 일이든 시험이든 사랑이든 우리는 인생의 모든 순간에서 성공하길 원합니다. 이 책을 읽는 것도 말하기나 인간관계에서도 성공하고 싶어서겠죠.

반면, 실패는 어떤가요? 생각만 해도 두렵고, 어떻게든 피하고 싶을 겁니다. 그런데 한 가지 분명한 사실이 있습니다. 실패 없는 인생은 없다는 거죠. 크든 작든 우리는 실패를 합니다. 실패를 한 번도 겪어보지 않은 사람이 있을까요? 만약 그런 사람이 있다면 전 감히 그 사람의 인생이 실패라고 생각합니다.

사실 저는 세상 어느 누구보다 실패를 두려워하는 사람이었습니다. 실패하지 않기 위해 나름대로 열심히 노력했고, 그 결과 큰 굴곡 없이 원하는 것을 이루며 살아왔다고 자부했죠. 하지만 저의 이런 생각은 30대 중반 인간관계에서 큰 실패를 겪으며 바뀌었습니다.

당시 저는 그 실패를 마치 인생의 실패처럼 여겼습니다. 패배자가 됐다는 생각에 몸과 마음이 힘들었고, 제 자신도 예전으로 돌아갈 수 없다고 생각했습니다. 신중하게 쌓아 올린 모범적인 삶이 하루아침에 망가져버린 것 같았죠.

실패라는 슬픔에 허우적거리기만 하던 어느 날, 불현듯 이런 생각이 들었습니다. '이미 망가졌다면 더 편하고 자유롭게 살자.' 오토바이 면허를 따서 혼자 캠핑을 가고, 아무 계획 없이 제주도로 여행을 떠났습니다. 술도 많이 마셨고, 평생 담배를 물어본 적도 없는 제가 시가를 피웠습니다. 어차피 내가 원했던 인생으로 돌아갈 수 없으니 이젠 어떤 인생이어도 크게 상관없다고 생각했습니다. 이전의 저는 누가 보아도 모범적인 삶을 살고 있었기에, 당시 제가 내린 선택들은 굉장히 모험에 가까운 것들이었죠.

그런데 이런 과감한 선택들이 제 많은 것을 바꿔놓았습니다. 제 삶은 물론 타인을 이해하는 폭을 넓혔습니다. 그리고 나중에 다시 보니, 당시는 실패라 생각한 것들이 실은 실패가 아니었던 경우가 꽤 있었습니다. 오히려 그 덕분에 제가 어떤 사람인지, 무엇을 좋아하고, 인생에서 무엇을 원하는지를 좀 더 객관적이고 명확하게 알게 됐고요.

더 나아가 다른 사람을 이해할 수 있게 됐습니다. 사실 이전의 저는 타인의 실패를 이해하지 못했습니다. 실패하는 사람들은 뭔가가 부족하다고 여겼죠. 재능이든 노력이든 본인에게 문제가 있다고 생각했습니다.

큰 실패를 겪고 난 후 저는 누군가를 함부로 평가하지 않습니다. 실패를 온전히 수용하고 스스로를 돌아보면서 사람들이 저마다 삶의 무게를 짊어지고 있음을 깨닫게 됐기 때문입니다. 아직 그 무게에 짓눌려 일어나지 못하고 있는 이의 심정도 이해하게 됐습니다.

실패를 인생의
터닝포인트로 바꾸는 법

우리는 종종 실패의 원인을 타인에게서 찾거나 외적인 환경에서 찾습니다. "사회가 문제야. 부모가 금수저가 아닌 이상 이 사회에서 성공할 수가 없다고!" "저 사람은 어렸을 때 미국에서 유학했다잖아. 그런 사람하고 내가 어떻게 경쟁할 수 있겠어?" 등등.

내 실패 원인을 다른 곳에서 찾는 건 쉽습니다. 하지만 그런 태도로는 성장할 수 없습니다. 평생 비슷한 실패를 계속 반복하게 될 것입니다.

만약 실패를 경험하게 된다면, 그 원인을 나 자신에게서 찾기를 바랍니다. 그리고 그 이유를 딛고 앞으로 나아가세요. 내 단점을 극복할 좋은 기회라고 생각하면서요. 이 기회를 놓치지 않는다면, 오늘의 나보다 더 나은 내가 될 수 있습니다.

실패를 성장의 기회로 삼으라는 말은 자책이나 자학을 하라는 것이 아닙니다. 나 자신과 일정한 거리를 두고 냉정하게 스스로를 돌아보라는 것입니다. 지나간 것은 중요하지 않습니다. 진짜 중요한 것은 지금부터입니다.

만약 누군가가 내가 이미 저지른 실수에 대해서 비난한다면, 앞에서만 듣는 척하고 뒤에선 털어버리길 바랍니다. 한 번 들었으면 그것으로 충분합니다. 그 실수를 반복하지 않게 주의만 하면 됩니다.

스피치 강의를 시작한 후 몇 년이 지나니 제게 대중 강연을 할 기회가 찾아왔습니다. 누구를 대상으로 하든 최고의 강연이 되도록 신경 써서 준비했죠. 하지만 모든 강연이 성공적이지는 않왔습니다.

열심히 준비한 덕인지 많은 분이 좋아해주셨지만, 때론 시큰 둥한 반응이 나와 당황하기도 했습니다. 강연 관계자분이 "저희 업계 분들이 원래 반응이 미적지근한 편이에요. 이해해주세요" 라며 위로했지만, 예의상 하는 말이라는 것 정도는 알았습니다.

기업 강연에서의 평가는 훨씬 냉정했습니다. 객석을 바라보면 청중이 아무리 많더라도 한 분 한 분의 표정이 잘 보이는데, 시 종일관 지루한 표정을 짓고 있거나 졸고 있는 분들을 보니 민망 함이 밀려왔습니다.

당시 저는 청중의 미적지근한 반응을 실패로 규정했습니다. 그 리고 다시는 이 실패를 반복하지 않겠다고 다짐했죠. 오은영 박사 님이나 김경일 교수님처럼 청중의 뜨거운 반응을 불러일으키고 싶었습니다. 그러기 위해 여러 강연을 들으며 강연을 잘하는 분들 을 연구했습니다.

그러던 어느 날 우연히 쿠팡 홍보 담당 이사인 하대석 님의 강연을 듣게 됐습니다. SBS 기자 출신으로, 〈스브스뉴스〉라는 프로그램을 제작해 엄청난 성공을 거둔 분이었죠.

하대석 님은 〈스브스뉴스〉에서 콘텐츠를 제작할 때의 이야기 를 강연에서 풀어놓았는데, 강연의 핵심 주제는 '지금 만드는 이 콘텐츠가 유저를 감동시킬 수 있을 것인가'였습니다. 그날 강연을 듣고 저는 제 이야기를 듣기 위해 시간을 낸 청중들에게 감동을 선물하지 못했다는 것을 깊이 깨달았습니다.

실패가 인생의 기회로 바뀌는 순간

같은 실패를 되풀이하지 않기 위해 저는 지금까지 해온 강연을 분석했습니다. 잘된 날과 잘되지 않은 날을 비교하면서 어떤 차이가 있었는지 생각해봤습니다. 성찰 끝에 몇 가지 차이를 발견했고, 이를 토대로 두 가지 가설을 세웠습니다.

가설 1. 내 강연의 내용이 청중의 관심거리가 아니다.
가설 2. 강연 초반에 청중들의 주의 집중을 불러오는 데 실패했다.

저는 각각에 맞는 대책을 세웠습니다. 첫 번째 가설에 대한 대책으로 강연 주제와 세부적인 설명 부분을 더 다양하게 준비했습니다. 특히 사례를 다양하게 준비한 다음 청중의 성향에 따라 더 공감할 만한 이야기를 꺼냈습니다. 그날 강연에 참석한 사람들이 흥미를 보일 만한 사례를 여러 개 준비한 다음 연령에 따라, 결혼 여부에 따라, 직업이나 성별에 따라 현장의 분위기에 맞춰 적절하게 활용했죠.

두 번째 가설에 대해선 강연의 시작 부분을 시청각적으로 강화하는 방향으로 대비했습니다. 가벼운 농담으로 분위기를 풀어주는 것도 좋지만, 이 방법은 당일의 분위기에 따라 효과가 달라진다는 단점이 있었습니다. 그래서 어떤 상황에서라도 이목을 사로잡을 만한 강력하고 신선한 인트로를 준비하는 데 중점을 두었습니다. 마치 영화의 '시작 5분의 법칙'처럼, 강연 첫머리에서 청중을 압도해야겠다고 생각했죠.

이렇게 준비하고 나니, 이전의 제 강연이 정말 부족했다는 생각이 들었습니다. '어떻게 그동안 이런 준비도 하지 않았을까?' 하는 생각이 들 정도였습니다. 한편, 이제부터는 훨씬 더 청중을 감동시킬 수 있겠다 싶었습니다. 그리고 새롭게 업그레이드한 강연을 시간 날 때마다 연습했습니다. 실패를 통해 배우는 건 좋았지만, 그렇다고 실패를 또 하고 싶은 건 아니었으니까요. 같은 실패를 반복하지 않으려면 더 연습해야 했습니다.

그 뒤의 강연은 거의 성공적이었습니다. 이전의 강연에서 청중의 반응을 예측할 수 없었다면, 이제는 대부분 예측이 가능해졌습니다. 스스로 만족스럽지 않다고 느낀 강연도 청중은 훨씬 더 좋게 받아들여줬습니다. 부족했던 부분이 보완된 것을 넘어 전체적인 강연의 질이 크게 좋아졌던 겁니다.

실패를 딛고 일어선 경험을 한 뒤로 더 자신감이 생겼고, 이로 인해 강연은 날이 갈수록 호평을 듣게 됐습니다. 정말 중요한 건, 실패했다고 해서 거기서 끝이 아니라는 걸 다시 한번 배웠다는 점입니다. 실패는 오히려 더 발전할 수 있는 바탕이 된다는 걸 깨우쳤죠.

물론 실패는 힘듭니다. 실패 자체도 힘들고, 실패한 후에 그 결과로 주저앉아 있는 순간도 고통스럽습니다. 하지만 그 시간들을 온전히 수용하지 않았다면 오늘날 저는 이런 발전을 할 수 없었을 것입니다.

이 글을 읽는 당신이 오늘 어떤 실패를 겪었는지 저는 알 수 없습니다. 하지만 이건 압니다. 오늘 당신의 실패는 당신의 삶에 틀림 없이 좋은 발판이 되리라는 것을요. 당신이 회피하지만 않는다면 말입니다. 그러니 두려워하지 말기 바랍니다. 너무 힘들면 잠시 주저앉아 쉬어도 좋습니다. 그러다 힘이 생기면 그때 일어나셔도 됩니다. 그렇게 실패를 딛고 일어설 때, 당신은 어제보다 훨씬 더 나은 사람이 될 것입니다.

"

실패해도 괜찮다는 믿음이
내일의 성장을 만듭니다.

"

내가 내게 하는 말이
곧 내 인생이 된다

"

1라운드에서 탈락한
NBA 스타의 한마디

미국 프로농구(NBA) 플레이오프가 한창이었던 2023년 봄, 한 선수의 인터뷰가 전 세계적으로 화제에 올랐습니다. 주인공은 프로 데뷔 이래 수많은 기록을 세운 NBA 최정상급 선수 야니스 아데토쿤보입니다.

프로 입단 후 화려한 이력을 갱신하며 명실공히 스타 선수로 자리매김한 그였지만, 승부의 세계에서는 늘 예상을 벗어나는 사건이 생기게 마련이죠. 그는 2023년 정규 시즌을 최고의 기록으로 마무리했지만, 그의 팀 밀워키 벅스는 플레이오프 1라운드에서 1승 4패라는 부끄러운 성적으로 무너졌습니다. 1라운드 탈락 후 기자회견장에 선 그에게 한 기자가 물었습니다.

"결국 이번 시즌은 실패했다고 보십니까?"

깊은 한숨을 내쉰 아데토쿤보는 조금 답답한 표정으로 이렇게 답변했습니다.

"당신은 매년 승진하나요? 아니죠. 그럼 당신은 직장에서 매년 실패한 건가요? 아닙니다. 매년 당신은 무언가를 이루기 위해 열심히 일했을 거예요. 그게 (어느 한 해) 안 됐다고 실패라고 부르진 않죠. 그건 성공으로 가는 과정(step to success)이죠. 우리는 이번에 졌지만 더 노력해서 다시 돌아올 겁니다."

기자의 도발적인 질문에 아랑곳하지 않고 덤덤히 자기 생각을 풀어놓는 모습에 감동한 저는 그가 지금까지 언론 인터뷰에서 했던 말들을 찾아보면서 한 가지 사실을 깨달았습니다. 그가 플레이오프 탈락 직후 남겼던 말은 그저 돌발 질문에 대한 응수가 아니라, 내가 나에게 외치는 일종의 자기 선언이라는 것을요.

화려한 스타플레이어라는 명성에 가려 잘 알려지지 않았지만 그는 불법체류자 출신입니다. 그의 부모님은 그가 태어나기도 전에 나이지리아를 떠나 그리스에 정착했습니다. 생계를 위해 여섯 살 때부터 거리에 나가 잡동사니들을 팔아야 했던 그는 어느 날 우연히 NBA 대표 선수 앨런 아이버슨의 다큐멘터리를 보고 농구선수가 되겠다고 결심했죠. 그리고 아무도 알아주지 않은 그 결심을 묵묵한 노력으로 지켜냈습니다. 우여곡절 끝에 그리스 20세 이하 농구대표팀에 합류해 불법체류자라는 딱지를 떼어낸 그는 유럽을 방문한 NBA 스카우트들의 눈에 띄어 밀워키 벅스에 입단합니다. 그리고 자신의 트위터에 이런 호언장담을 남기죠.

"나는 챔피언십 레벨의 팀을 만드는 그날까지 절대 이 팀과 이 도시를 떠나지 않을 것이다."

당시 아무에게도 주목받지 못했던 이 말은 그로부터 7년 뒤에 다시 조명을 받았습니다. 그의 팀 밀워키 벅스가 1971년에 이어 50년 만에 NBA 우승을 차지했던 겁니다. 아데토쿤보는 7년 전에 선언했던 대로, 그간의 무수한 이적 제의를 거절하고 팀을 정상의 자리에 올려놓았습니다. 그리고 이듬해인 2022년 시즌에서 NBA 사무국에서 선정한 'NBA 75주년 기념탑'에 최연소로 이름을 올립니다.

인생을 바꾸는
나와의 대화

너무 당연한 이야기지만, 말은 그 사람을 반영합니다. 평소에 우리는 생각하는 대로 말하게 되죠. 그런데 그 반대로 내가 한 말이 나의 생각을 만들기도 합니다. '선 생각 후 말하기'가 아니라, '선 말하기 후 생각'이 되기도 한다는 겁니다. 즉, 내가 뱉은 말을 통해 내 생각이 더 구체화되고, 그것이 결심과 행동으로 이어진다는 이야기입니다. 어느 노랫말처럼 정말 '말하는 대로' 되는 거죠.

아데토쿤보 선수가 그렇습니다. 211센티미터에 110킬로그램이라는 어마어마한 피지컬을 갖춘 그가 한때 깡마른 몸에 파워 부족이라는 핸디캡으로 경기 내내 벤치를 떠나지 못했다는 사실을 기억하는 사람은 없을 겁니다. 그는 "나에게 기회를 준 밀워키 벅스에서 우승하겠다"라고 선언한 후, 이를 증명하기라도 하듯 전혀 다른 모습으로 변신했습니다.

아데토쿤보가 세상에 남긴 말과 그 이후의 행동을 되짚어보며 문득 이런 생각이 들었습니다. 내가 나 자신에게 하는 말, 즉 '나는 이렇다, 나는 이럴 것이다'라는 자기 선언이 곧 나의 인생이 된다는 것을요. 실제로 내가 나에게 하는 긍정적인 확언이 어떻게 인생을 바꾸는지는 이미 수많은 연구 결과가 입증하고 있습니다. 긍정적인 자기 선언이 문제행동을 개선할 뿐 아니라, 자신의 잠재력을 촉진하는 자원이 된다는 겁니다.

그런 의미에서 보면, 사실 타인과의 대화에 앞서 생각해야 할 것이 나 자신과의 대화가 아닌가 싶습니다. 내가 나에게 말하는 대로 생각하게 되고, 그 생각대로 마음먹게 되며, 마음먹은 대로 행동하게 되니까요.

남에게 용기와 위로의 말을 전하듯, 나 자신에게도 응원과 격려의 말을 전해보십시오. 거울을 보고 눈을 마주치며 말하는 것도 좋습니다. 현재 내 상황은 중요하지 않습니다. 다가올 내일을 설레는 마음으로 기대하며 확언해보세요. 내가 나에게 한 말이 곧 내 인생이 된다는 것을 기억하면서 말입니다.

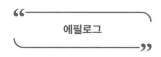

삶의 선순환 고리를 만드는 법

한 해 한 해 나이가 들수록 '정말 그렇구나' 하며 체감하게 되는 것이 바로 인간관계의 중요성입니다. 심지어 요즘 들어서는 인간관계가 인생의 전부라는 생각마저 듭니다. 이 사실을 좀 더 일찍 깨달았더라면 인생이 보다 행복했을 거라는 아쉬움을 느끼면서요. 그래서 저는 최근 인간관계를 다룬 영상을 직접 만들어 사람들과 소통하고 있습니다. 삶에 있어 타인과의 진심 어린 소통이 정말 모든 것을 바꾼다는 사실을 많은 이들과 공유하고 싶어서입니다. 많은 분이 제 생각에 공감해주고 있지만, 그와 상반되게 안타까운 댓글도 적지 않게 보게 됩니다.

"돈만 많아봐라. 인간관계는 저절로 따라오더라."

일면 맞는 말입니다만, 저는 전적으로 동의하기는 어렵습니다. 제 주변을 찬찬히 살펴보면 돈은 넘치는데 인간관계가 부실해서 불행한 사람이 적지 않습니다. 누군가와 진심으로 소통을 해본 적이 없는 이들은 사람에게서 얻는 감동과 기쁨을 알지 못합니다. 오히려 누군가가 내게 다가오면 '나한테 뭘 바라는 걸까?' 하며 의심합니다. 내 마음부터가 그러니, 나를 온전히 드러내는 진정한 대화는 불가능하겠죠.

인생에서 추구하는 가치는 사람마다 다릅니다. 돈, 가족, 명예, 건강 등 다양하죠. 하지만 어떤 가치를 추구하든 결국 지향점은 '행복'이 아닐까요? 무엇을 추구하든 그 이유는 결국 행복해지기 위해서입니다. 그런데 인생의 행복은 풍요로운 인간관계 없이는 불가능합니다. 그 안에는 가족이나 친구 같은 사적인 관계는 물론 사회에서 만나는 사람들과의 관계도 포함됩니다. 성인이 되면서부터는 사회적 관계가 일상의 주를 이룬다 해도 과언이 아니니까요.

당연한 얘기이지만 모든 인간관계는 대화에서 비롯됩니다. 대화 없이 이루어지는 관계는 세상에 없습니다. 결국 행복해지고 싶으면 주변 사람들과 좋은 대화를 할 줄 알아야 합니다. 세계적인 비즈니스 컨설턴트인 브라이언 트레이시는 "대화를 연습하려는 의지만 있다면 마치 자전거를 타듯, 타이핑을 배우듯 대화를 배울 수 있다"라고 했습니다. 그리고 "그 대화가 삶의 모든 부분의 질을 급격히 향상시킬 것이다"라고 했죠.

다행인 건 대화하는 능력은 다른 기술과 달리 남과 비교하거나 경쟁할 필요가 없다는 겁니다. 오히려 모두가 능숙해질수록 서로에게 이롭죠. 무엇보다 훈련하고 연습하는 과정 자체가 행복합니다. 또한, 노력하면 누구나 발전할 수 있다는 면에서 결과도 보장되어 있습니다.

그러니 오늘 당신이 해야 할 일은 분명합니다. 행복해지려면 타인과의 관계가 중요하다는 사실을 깨닫고, 이를 위해 매일 하는 대화에 조금 더 신경을 써보는 겁니다. 나의 대화 실력이 어제보다 오늘 조금 더 나아졌다면, 오늘보다 내일은 조금 더 풍요로운 인간관계와 그로 인한 행복감을 맛볼 수 있을 겁니다. 결국 대화를 잘하려는 노력은 더 행복하기 위한 노력, 더 멋진 인간이 되려는 노력과 다르지 않습니다.

대화, 인간관계, 행복. 이 세 가지는 서로를 강화하는 선순환의 고리입니다. 이 여정에 첫발을 내딛는 여러분을 응원합니다.

한석준의 대화의 기술
어느 누구와도 불편하지 않은 대화법

초판 1쇄	2024년 10월 28일
초판 5쇄	2025년 3월 25일

지은이　한석준

발행인　문태진
본부장　서금선
책임편집　송현경　　**편집 1팀**　한성수 이예림

기획편집팀　임은선 임선아 허문선 최지인 이준환 송은하 김광연 이은지 김수현 원지연
마케팅팀　김동준 이재성 박병국 문무현 김윤희 김은지 이지현 조용환 전지혜 천윤정
저작권팀　정선주
디자인팀　김현철 이아름
경영지원팀　노강희 윤현성 정헌준 조샘 이지연 조희연 김기현
강연팀　장진항 조은빛 신유리 김수연 송해인

펴낸곳　㈜인플루엔셜
출판신고　2012년 5월 18일 제300-2012-1043호
주소　(06619) 서울특별시 서초구 서초대로 398 BnK디지털타워 11층
전화　02)720-1034(기획편집)　02)720-1024(마케팅)　02)720-1042(강연섭외)
팩스　02)720-1043
전자우편　books@influential.co.kr
홈페이지　www.influential.co.kr

ⓒ한석준, 2024

ISBN 979-11-6834-235-4 (03190)